seafood

Alles, was Fisch & Co. gerne mit sich machen lassen

Cornelia Schinharl

Ein feines Fischchen oder auch zwei

Seafood. Essen aus dem Meer. Aber nicht nur. Weil aus Fluss und See ist genauso was dabei. In der Regel für Zwei. Aber manchmal auch für viele. Wenn es sich anbietet, bei ganz großen Fischen zum Beispiel. Oder weil's so einfach geht, dass man's auch für die ganze Meute hinkriegt.

Seafood. Soll ja auch gesund sein. Wegen Jod und so. Das braucht die Schilddrüse. Und das steckt vor allem in den Fischen aus dem Meer. Und es löst sich in Wasser, weshalb man den Meeresfisch nie in viel Wasser kochen soll, sondern nur so wenig nehmen, dass man es mitessen kann.

Seafood. Fast and easy. Meistens. Aber eins ist sicher: dieses Buch bedeutet das Ende der Fischstäbchen! Oder macht sie zumindest überflüssig. Weil so viele Rezepte drin sind, die ganz einfach zu machen sind und schnell obendrein. Zum Beispiel die Knoblauchgarnelen: die sind schneller fertig als ein Fischstäbchen auftauen kann.

Also nichts wie rein ins Fischgeschäft!

Inhalt

Teil I: Die Theorie

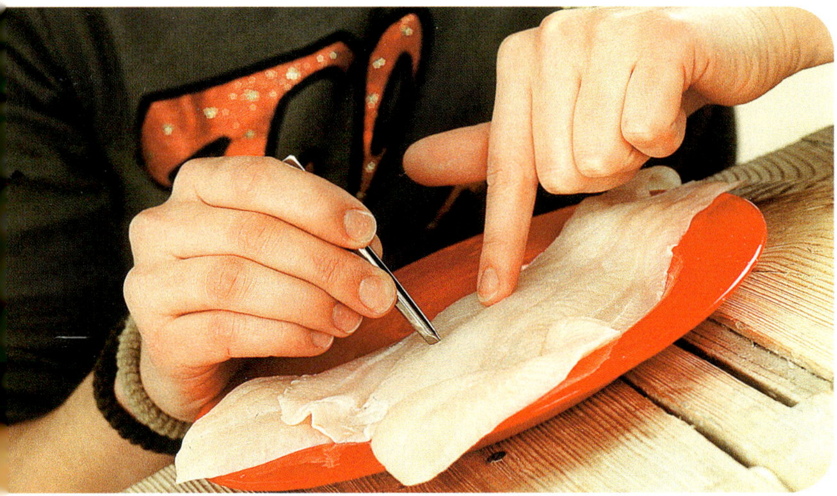

Teil II:
Die Rezepte

Who is who?

Jeden Fisch haben wir hier nicht erwähnt, weil eine so Altbekannte wie die Forelle ja nicht unbedingt vorgestellt werden muss, finden wir. Aber an die, die man nicht so gut kennt, traut man sich doch eher ran, wenn man Bescheid weiß über ihre guten Eigenschaften und ihre schlechten auch. Und erfährt, was man am besten mit ihnen anstellt und wie.

Der Kaviar

Na ja, die Sorten Beluga, Ossietra oder Sevruga müssen es ja nicht gerade sein. Weil man da für einen Bissen fast ein Vermögen los wird. Und das ist nur was für einen echten Jubeltag oder halt für Snobs. Zumal die einfachen und preiswerteren Varianten, nämlich der kräftig orange Rogen vom Lachs (Keta-Kaviar) oder der blassere Forellen-Kaviar, auch ziemlich gut schmecken. Das finden wir jedenfalls. Ach übrigens, falls jemand Silberbesteck zu Hause hat, zum Kaviaressen bitte unbedingt im Schrank lassen. Weil der dann plötzlich nur noch fischig schmeckt. Gut sind Löffel oder Gabeln aus Perlmutt, Holz oder Plastik, um ihn aus dem Schälchen zu holen.

Die Austern

Kenner schlürfen sie einfach aus der Schale, träufeln gerade mal etwas Zitronensaft drüber. Aber das macht man eher im Lokal oder beim Steh-Italiener oder im Edelfischgeschäft mit wenigen Tischen. In diesem Buch gibt es sie nicht, weil sie gegart nicht so gut schmecken, und fürs Schlürfen braucht man eigentlich keine Anleitung. Aber eins verraten wir: wenn man sie aus der Schale schlürft, dann leben die noch!

Der Hering

Die meisten kennen ihn nur als Matjes oder als Brathering. Was ziemlich schade ist, weil der Hering frisch – er heißt dann auch grüner Hering – einfach köstlich schmeckt. „Grün“ ist er aber nicht immer zu haben und deshalb sollte man ihn vielleicht sogar vorbestellen. Oder, wenn's sein muss, durch einen anderen austauschen, einen, der auch zu den Fettfischen gehört, also z. B. Sardinen. Oder Makrelen, wenn sie klein sind.

Die Garnele

Bei „Der Scampo, die Garnele“ nachschauen.

Der Hummer, der Krebs, die Languste

Kommen alle in diesem Buch nicht vor. Weil, die lebend kaufen und zu Hause selbst im Kochtopf töten, das wollen wir nicht. Da haben wir nämlich Angst, dass wir uns blöd anstellen und das Tier leiden muss. Und schon fertig gegarte kaufen, wollen wir auch nicht, weil dann müssten wir sie immer noch mühsam aus dem Panzer lösen.

Die Krabbe

Die kleinste Garnele der Welt kommt aus der Nordsee und ist teurer als die großen. Komisch? Eigentlich nicht, weil das „Pulen“ viel Arbeit macht. Damit das noch bezahlbar ist, werden viele Krabben nach Polen verfrachtet und dort gepult. Seltsam, aber für Geschmack und Frische kein Problem. Auf dem Schiff werden sie gekocht und gekühlt transportiert.

Der Matjes

Der Matjes war einmal ein Hering. Und der wird nach dem Fischen über die Kiemen ausgenommen. Die Bauchspeicheldrüse bleibt dabei drin. Mit deren Hilfe und der von Salz wird nach einiger Zeit ein Matjes daraus. Und den gibt's ab Mai. Er sollte mild gesalzen und fest sein und an der Hautseite silbrig schimmern. Gegessen wird er z. B. mit einer Sauce von Seite 34.

Die Muschel

Es gab mal eine Regel und die hieß: Muscheln nur in Monaten essen, die ein „r" im Namen haben. Stimmt aber nicht mehr. Warum? Weil heutzutage die Muschelzucht ziemlich ausgefeilt ist und die Kühlmöglichkeiten beim Transport so optimal sind, dass man Muscheln fast rund ums Jahr in bester Qualität ernten und ausliefern kann – auch in den heißen Monaten (ohne „r"). Stammen die Muscheln dann noch aus kühlen Gewässern wie Nordsee oder Atlantik, gibt's zusätzliche Sicherheit: die Kälte des Wassers konserviert.

Die beliebten blauschwarzen Miesmuscheln kann man z. B. fast überall und immer bekommen. Die kleinere Venusmuschel, manchmal heißt sie auch „verace" oder „vongole verace" (was nur eine besonders feine Sorte ist), wird nicht so oft verlangt und ist daher etwas seltener im Angebot.

Das Muschel-schließ-dich-und-Muschel-öffne-dich-Prinzip

Es ist ja so: Wenn wir frische Muscheln kaufen, dann kaufen wir sie lebend. Und eine Muschel, die lebendig ist, hat Reflexe. Einer davon lässt sie ihre Schotten komplett dicht machen, wenn Gefahr droht. Und der Wasserstrahl, der beim Waschen und Putzen auf sie trifft, ist für die Muschel eine Gefahr. Eine gesunde Muschel tut das Naheliegende und klappt die beiden Schalenhälften, die sowieso eher geschlossen sind, ganz zu. Tut sie es nicht, ist sie nicht mehr ganz frisch, und man sollte sie tunlichst nicht mehr essen. Also wegwerfen! Die jetzt fest geschlossenen Muscheln kommen dann ins kochende Wasser. Nach kurzer Zeit funktioniert der Schließmuskel nicht mehr – die Muscheln öffnen sich wieder. Tun sie das nicht, ist wieder irgendetwas nicht in Ordnung. In diesem Fall nicht gewaltsam aufmachen, sondern auch wegwerfen. Fazit: vor dem Kochen schließen, beim Kochen öffnen – so muss es bei den Muscheln sein.

Der Oktopus

Der heißt auch Krake und sieht aus wie ein kleiner Sack mit dicken, langen Fangarmen. Je kleiner die Krake ist, desto zarter ist ihr Fleisch. Große Oktopusse werden zwar nach dem Fangen etwas „weicher geklopft", müssen aber trotzdem länger garen, bis sie zart werden. Und wer den Oktopus nicht nehmen will, steigt einfach auf Sepia, der auch gemeiner Tintenfisch heißt, um. Der hat einen größeren Körper und nur zwei Fangarme. Und dann gibt es in der Familie der Tintenfische auch noch den Kalmar. Der hat einen länglichen Körper und kleine Arme.

Die Sardine

Die ist eng verwandt mit dem Hering, wird aber nicht so groß. Sardinen schmecken sehr intensiv und vertragen deswegen gut kräftige Kräuter und Gewürze. Am besten schmecken sie gebraten, gegrillt oder aus dem Ofen. Sardinen sind übrigens ziemlich billig. Auch ein Grund, sie zu kaufen. Aber nicht der einzige – frisch zubereitet sind sie einfach spitze!

Der Scampo, die Garnele

Alles das gleiche? Nein. Viele Namen für das gleiche? Ja. Aber die beiden sind echt verschiedene Tiere. Scampi sind eigentlich kleine Hummer, mit einem relativ geraden schmalen Körper, langen „Antennen“ und Scheren. Scampi heißen auch Kaisergranat, Tiefseekrebs oder Langoustine.
Die Garnele ist gebogen und hat zwar Fühler, aber keine Scheren. Die größten heißen auch Riesengarnelen, King Prawns oder Hummerkrabben. Wobei die Bezeichnung Hummerkrabben wirklich falsch ist, weil die Garnele ja nicht mit dem Hummer verwandt ist. Aber irgendwie hat sich das eingebürgert. Kleinere Garnelen heißen auch Shrimps. Und damit die Verwirrung komplett ist, haben die großen noch einen Namen: Tiger Prawns. So heißen Garnelen, die in Asien in Reisfeldern gezüchtet werden, in Süßwasser also. Kann sich keiner merken? Stimmt. Aber das ist nicht so schlimm, denn ob man jetzt Scampi, Garnelen, Hummerkrabben oder Prawns kauft – alle sind gut und können verwendet werden. Und das ist ja schließlich die Hauptsache.
Apropos züchten: Vom Lachs haben wir schon gehört, dass es ihm im Zuchtbecken oft nicht so gut geht. Bei der Garnele denken wir noch eher an Meer und freien Fang. Was aber nicht unbedingt stimmt, weil die auch oft aus dem Zuchtbecken kommen. Und da ist oft so manches drin, was eigentlich nicht drin sein sollte, z. B. Pestizide und Wachstumshormone und Antibiotika. Seit kurzem gibt es aber eine Rettung, für den Lachs wie für die Garnele. Öko! Sowohl der Öko-Lachs wie auch die Öko-Garnele sind zwar teurer, aber wirklich besser. Lieber einmal weniger davon essen und dafür gut, oder?

Wo der Garnelendarm sitzt
Da, wo wir den Rücken vermuten, zeigt sich bei der Garnele ein dünner schwarzer „Faden“. Das ist der Darm! Und weil wir den nicht mitessen wollen, entfernen wir ihn: geschälte Garnele am Rücken leicht einschneiden, den „Faden“ an einer Stelle anheben (geht gut mit einem Zahnstocher) und rausziehen, aber langsam, weil er sonst abreißt.

Der Tintenfisch

Ist der Familienname. Dahinter kann sich der Sepia verbergen, der vom Grill schmeckt. Oder der Kalmar mit dem zarten Körper und den vielen Armen, den man für Salate und Ragouts nimmt. Oder der Oktopus, der Riese unter den Tintenfischen mit beeindruckenden Armen mit Saugnäpfen. Und der ist gerade ziemlich in, z. B. mariniert als Vorspeise.

Der Tunfisch

Nein, der wächst nicht in Dosen, der kann bis zu 3 m lang werden! Und der kleinere Bruder, der Bonito heißt, bringt es immerhin auch auf so um die 80 cm.
Der Kleine ist selten und er hat weißes Fleisch. Der Große kommt recht häufig vor und hat dunkelrotes und festes Fleisch. Weshalb er frisch auch wie ein Steak gebraten wird, also fast roh, mittelroh oder ganz durch. Und: Obwohl der Tunfisch zu den Fettfischen gehört, kann er beim Garen leicht austrocknen. Also nicht zu lang und nicht bei zu starker Hitze braten oder grillen, dann bleibt das Fleisch saftig. Und das kann er ganz besonders gut: roh als Carpaccio oder als Sushi auf dem Teller landen.

Einkaufen

Wer genau weiß, welchen Fisch er wie machen möchte, der hat es leicht. Vorausgesetzt, er kennt einen guten Fischhändler und ruft ihn an, um das Gewünschte zu bestellen. Dass nämlich genau der Fisch gerade im Laden ist, davon kann man echt nicht ausgehen.

Alle anderen suchen sich am besten ihr Lieblingsrezept aus, gehen auch zu einem guten Fischhändler und sagen ihm, was sie ungefähr wollen. Und der weiß dann in jedem Fall Rat. Oft genügt es schon, wenn man ihm sagen kann, ob man einen Fisch aus dem Meer oder aus dem See haben will, ob man ihn im Ofen, in der Pfanne oder im Dämpfkorb machen will und wieviele mitessen.

Ach ja, was ist eigentlich ein guter Fischhändler? In seinem Laden muss es angenehm riechen, schon nach Meer und Wasser und vielleicht Algen, aber nicht penetrant nach Fisch. Die Auswahl sollte auch ein bisschen vielfältig sein und der Fischmann oder die Fischfrau so, dass man mit ihm oder ihr reden kann. Mehr braucht's nicht.

Selber sehen, wie frisch die Fische sind

- Gesunden Menschenverstand einschalten und alle Sinne. Alles, was die Nase beleidigt, ist schlecht. Es stimmt nämlich nicht, dass Fisch stinkt. Fisch riecht gut, stinken tut er nur, wenn er zu alt ist. Und dann lassen wir ihn einfach links liegen.
- Ein ganzer Fisch sieht einfach frisch aus: glänzende Haut, ein praller Körper und klare Augen. Hängt er schlapp und trüb auf dem Eis: siehe Punkt eins. Bei Fischfilets gilt das gleiche wie beim ganzen Fisch, und angetrocknete Ränder oder Verfärbungen sind tabu.
- Muscheln müssen mehr zu als auf sein. Siehe auch Muschel-schließ-dich-und-Muschel-öffne-dich-Prinzip auf der Seite 7.

Das ist noch wichtig:

- Alles, was man mit dem Fisch machen muss, also ausnehmen, sauber machen und schuppen oder sogar in die Filets teilen und häuten, kann der Fischhändler besser als wir zu Hause. Und wenn man ihn drum bittet, macht er es auch ganz bestimmt.
- Fragen, wie lange man den Fisch noch lagern kann.
- Daheim den Fisch nicht in der Tüte in den Kühlschrank legen. Lieber aus der Tüte rausholen, auf einen großen, tiefen Spaghettiteller legen, mit einem anderen abdecken und so in den Kühlschrank stellen.

Wie viel Fisch brauch ich denn?

• **Filets:** Wenn die Sauce leicht ist, bis zu 200 g pro Person, ist sie schwer, reichen auch 150 g. Für eine mittelleichte Sauce einen Wert dazwischen aussuchen.
• **Ganze Fische:** 250–350 g pro Person sollten es schon sein, weil der Kopf und die Gräten und die Flossen und die Haut ja mitgewogen werden.
• **Muscheln**: Da wiegt die Hülle mehr als der Inhalt. Deshalb ruhig 750 g pro Esser kaufen, wenn es das Hauptgericht ist, für eine Nudelsauce (z.B. mit Tomaten) reichen 250 g.
• **Garnelen:** 150–200 g nehmen, je nachdem, ob die Schale noch dran ist oder nicht.

Austausch möglich!

Oft ist für ein Gericht nur eines wichtig: der Fisch muss festes Fleisch haben, das beim Garen stabil bleibt und nicht in tausend Stücke zerfällt. Dann kann man entweder den im Rezept angegebenen Fisch nehmen oder sich aus der Gruppe „Fische mit festem Fleisch" nach Lust und Laune einen anderen aussuchen und den dann kaufen. Und auch Fische mit zartem Fleisch können ausgetauscht werden. Manchmal muss es aber einfach einer aus dem Meer sein, weil der so kräftig schmeckt, dass er auch eine deftige Sauce aushält. Oder einer aus See und Fluss, wenn die Sauce sanft ist. Alles kein Problem mit unserer Liste.

Fische mit festem Fleisch: Hecht, Kabeljau, Knurrhahn, Meerbrasse, Petersfisch, Red Snapper, Rotbarsch, Saibling, Schwertfisch, Seelachs (aber vorsichtig braten), Seeteufel, Steinbeißer, Steinbutt, Tunfisch, Wolfsbarsch.

Fische mit eher zartem Fleisch: Barsch, Flussbarsch, Forelle, Heilbutt, Hering, Lachs, Lachsforelle, Makrele, Merlan, Rotbarbe, Sardine, Schellfisch, Schleie, Scholle, Waller, Zander.

Fische aus See und Fluss: Flussbarsch, Forelle, Hecht, Lachs, Lachsforelle, Saibling, Schleie, Waller, Zander.

Fische aus dem Meer: Barsch, Heilbutt, Hering, Kabeljau, Knurrhahn, Makrele, Meerbrasse, Merlan, Petersfisch, Red Snapper, Rotbarbe, Rotbarsch, Sardine, Schellfisch, Scholle, Schwertfisch, Seelachs, Seeteufel, Steinbeißer, Steinbutt, Tunfisch, Wolfsbarsch.

Die Sache mit den Gräten

Wer mag sie schon, die kleinen „Knochen" der Fische. Und manch einer, dem schon mal eine im Hals stecken geblieben ist, hat geradezu eine panische Angst davor und will nie wieder Fisch essen. Schade! Und so unnötig, weil hier steht, welche Fische gar keine Gräten haben, bei welchen sie sich leicht rausziehen lassen und welche, vom Grätenstandpunkt aus betrachtet, eher kritisch zu bewerten sind.

Fische mit und ohne Gräten

Die Lieblinge ohne Gräten: Aal (und trotzdem liebt ihn nicht jeder), Knurrhahn, Rochen, Scholle, Schwertfisch, Seeteufel (der hat nur eine ganz dicke in der Mitte), Seezunge, Steinbutt, Tunfisch, Waller.

Die zweite Wahl mit wenig Gräten: Lachsforelle, Hering, Meerbrasse, Red Snapper, Rotbarbe (in jedem Filet steckt eine fiese), Sardinen (haben fast nur die Mittelgräte, mit den kleinen leicht rauszuziehen), Seehecht, Zander.

Die Immer-noch-Lieblinge mit Gräten, die man leicht rausziehen kann: Forelle, Lachs, Makrele.

Die weniger geliebten mit vielen Gräten: Barsch, Flussbarsch, Hecht, Karpfen (Zuchtkarpfen haben aber weniger).

Gräten zupfen

Vor dem Garen: Streicht man über ein Fischfilet und zwar in beide Richtungen, spürt man schnell mit dem Finger, ob überhaupt und wenn ja, wo Gräten sitzen. Die packt man mit einer Pinzette und zieht sie langsam raus. Langsam, weil die Gräte sonst reißt und ein Stück drin bleibt.

Nach dem Garen: Brille aufsetzen! Jetzt sitzen die Gräten nämlich nicht mehr so fest im Fleisch. Große stehen sogar leicht ab, einfach mit den Fingern entfernen. Sind die Gräten allerdings klein, spürt man sie manchmal erst im Mund. Und da hilft dann nur noch eins. Das Fleisch drumrum vorsichtig essen, die Gräte ausspucken.

Doch mal eine verschluckt: Cool bleiben. Meist rutscht sie einfach durch. Falls nicht, Kartoffeln oder ein Stück Brot essen, wahrscheinlich löst sie sich damit. Auch nicht? Noch etwas abwarten, ob sie sich löst. Wenn's zu lange dauert, lieber zum Arzt gehen.

Fisch zubereiten

Pochieren oder Blaukochen: Eine würzige Flüssigkeit (Fischfond und Wein mit Gemüse usw.) befindet sich im großen Topf – groß zumindest, wenn man einen ganzen Fisch garen will, weil der muss ja schließlich komplett reinpassen. Die Flüssigkeit bzw. der Sud wird zum Kochen gebracht und dann schaltet man die Hitze sofort kleiner, weil der Fisch im Sud ziehen und nicht kochen soll. Unterschied beim Blaukochen: bevor der Fisch in den Sud kommt, wird er mit Essig übergossen und da bleibt er ungefähr 15 Minuten drin. Geeignet für ganze Fische (zum Blaukochen vor allem Süßwasserfische, weil die die Schleimschicht haben, die beim Garen bläulich wird) und für festfleischige Filets, die gut zusammenhalten.
Dämpfen: Gegart wird über heißem Wasserdampf im gut geschlossenen Topf. Das Wasser für den Dampf muss nicht reines Wasser sein. Je mehr Aroma es hat, desto mehr Geschmack zieht mit dem Dampf durch den Fisch. Geeignet für ganze Fische (aber nicht zu groß, weil sie sonst nicht in den Einsatz passen), noch besser für Filets.
Dünsten: Gargut anbraten, Hitze klein schalten und zugedeckt in wenig Flüssigkeit oder auch ohne garen. Das ist alles und eignet sich für alle Filets.

Die Garzeiten

Garmethode	dünnes Fischfilet	dickes Fischfilet	ganzer Fisch	Garnelen
Pochieren	–	3–5 Min.	300 g / 10 Min.	2–3 Min.
Dämpfen	2–3 Min.	8–10 Min.	300 g / 10 Min. 1 kg / 30 Min.	3–5 Min.
Dünsten	1–2 Min.	10 Min.	300 g / 10 Min. 1 kg / 20–25 Min.	2–3 Min.
Braten	1–2 Min.	4–6 Min.	300 g / 8–10 Min.	2–4 Min.
Backen	4–5 Min.	8–10 Min.	300 g / 10–12 Min. 1 kg / 30–40 Min.	–

Und wie esse ich das?

Ein ganzer Fisch liegt auf dem Teller. Den mach ich erst mal kleiner, schneide also Kopf und Schwanz ab. Und wenn er am Rücken Flossen hat, die auch. Jetzt rücke ich dem Fisch vom Rücken her zu Leibe. Da wird er mit dem Messer eingeschnitten. Jetzt kann man die obere Haut mit dem Messer anheben und langsam abziehen. Und sieht auch gleich, dass das obere Filet mehr oder weniger zweigeteilt ist. Filet also der Länge nach mit dem Messer in der Mitte teilen. Dann nacheinander entlang der Gräte unter die beiden Filethälften fahren, runterheben. Und jetzt die dicke Mittelgräte am Schwanzende vom unteren Filet abheben und ganz abziehen. Unteres Filet (auch zweigeteilt) entweder von der unteren Haut ablösen und dem Nachbarn weitergeben oder erstmal liegen lassen oder auf einem anderen Teller in den Backofen schieben, damit es schön heiß bleibt.

Garnelen kommen in der Schale vom Grill. Wer schon mal versucht hat, eine Garnele mit Messer und Gabel aus der Schale zu lösen, der weiß, dass das sinnlos ist. Jedenfalls ist die Garnele nicht mehr schön und vor allem auch kalt, wenn sie endlich frei liegt. Also einfach in die Hand nehmen. Wenn der Kopf noch dran ist (kann vor allem bei Scampi vorkommen), zieht man den erst mal ab. Mit dem Schwanz macht man es genauso. Dann am „Bauch" weitermachen. Ein Schalenstück ablösen und einfach abziehen, auf die Art eins nach dem anderen einfach abbrechen.

Eine Schale voll dampfender Muscheln wird serviert. Das Muschelfleisch hängt ziemlich fest in einem Teil der Schale. Bei der ersten Muschel muss man mit der Gabel das Fleisch aufspießen und rausziehen. Aber die „Doppelschale" ist jetzt Gold wert. Die ist nämlich jetzt das Besteck. Weil man sie so gut zuklappen kann. Und weil man mit dieser „Pinzette" das Muschelfleisch so gut festhalten und rausziehen und in den Mund befördern kann.

Grillen: Wer Grillen will, braucht Zutaten, die nicht trocken werden. Also eignen sich die fetten Fische, wie Makrelen, Lachs, Heringe und Sardinen, besonders gut dafür. Und alle Mittelmeerfische. Und wer kein Risiko eingehen will, gart nicht zu nah an der Glut oder legt ein Stück Alufolie auf den Rost, dann grillt der Fisch im Schongang.
Braten: In der Pfanne braten lässt sich alles, was nicht zu dick ist. Weil sonst ist es innen noch roh und außen schon trocken. Ein großer ganzer Fisch ist also im Ofen besser aufgehoben als in der Pfanne, ein kleiner ganzer kann aber rein. Und Filets auch.
Frittieren: Macht man sicher nicht mit ganz edlen Fischen, weil die sich geschmacklich bei den anderen Garmethoden besser entfalten können. Aber alle sonstigen Fische schmecken schon ganz fein in knusprigem Teig ausgebacken oder zu Bällchen verarbeitet und goldbraun frittiert. Wichtig ist immer: das Fett muss heiß sein, damit sich der Teig oder die Panade um den Fisch nicht vollsaugt, sondern knusprig wird. Für mittelmeerige Fische ruhig Olivenöl nehmen, für alle anderen ein nicht zu geschmacksintensives Pflanzenöl oder das zu Platten gepresste weiße Pflanzenfett.

Davor, dazwischen

Lust auf Fisch? Aber nicht nur auf Fisch? Oder nur auf wenig Fisch? Dafür gibt's das erste Kapitel – für alle, die erst mal klein anfangen wollen, mit Seafood als Starter oder Snack. Einfach was Kleines, aber mit einem Krönchen.

Ob das jetzt der Salat ist, dem ein paar gebratene Fischstücke auf die Sprünge helfen, oder knusprige Crostini oder ein asiatisch angehauchter Garnelensalat. Oder gleich eine marinierte Lachsforelle. Alles nach dem Motto: wenig Arbeit, viel Genuss!

Knoblauchgarnelen

FÜR ZWEI: 200 g rohe Garnelen ohne Schale am Rücken leicht einschneiden und den dunklen Darm rausziehen. 4–5 Knoblauchzehen schälen und in feine Scheiben schneiden.

Knoblauch in 4–5 EL Olivenöl kurz braten. Garnelen reinlegen und so lang braten, bis sie rot werden. Nicht länger! Salzen, pfeffern und mit 1 EL gehackter Petersilie bestreut gleich essen.

Mit Weißbrot!

Räucherfischsalat

FÜR ZWEI: 1 geräuchertes Forellen- oder Saibling- oder Renkenfilet mit der Gabel zerzupfen. 1 kleine Salatgurke schälen oder gut waschen und mit 1 Essiggurke würfeln.

Die Gurkenwürfel mit dem Fisch, 1 EL Crème fraîche, 1 EL Sud aus dem Gurkenglas, 1/2 TL extra scharfem Senf und 1 EL feinen Dillspitzen mischen. Mit Salz und mildem Paprikapulver würzen.

Schmeckt ausgezeichnet zu Schwarzbrot.

Tunfischsalat

FÜR ZWEI: 1 Dose Tunfisch im eigenen Saft oder in Öl (180 g) abtropfen lassen, mit einer Gabel auseinander zupfen. 1 kleine rote Paprikaschote putzen, waschen und in Streifen schneiden. 1 rote Zwiebel schälen, halbieren und auch in Streifen schneiden. 1 Tomate waschen und würfeln, dabei den Stielansatz wegschneiden.

Alle vorbereiteten Zutaten mit 1 EL Zitronensaft, 1 EL Olivenöl, Salz und Pfeffer aus der Mühle würzen. 2 TL Kapern drüber streuen.

Dazu passt: Ciabatta oder Toastbrot.

Davor, dazwischen – und zwar schnell

gute

5

Minuten

Graved Lachsforelle mit Senfsauce

Wanted: zwei Tage Vorausschau und ein biegsames Messer

FÜR SECHS:
2 Lachsforellenfilets mit Haut (zusammen etwa 500 g)
1 1/2 Bund Dill
1/2 EL Pfefferkörner (schwarz oder weiß, was eben gerade da ist)
Salz, Zucker
1 TL mittelscharfer Senf
Pfeffer aus der Mühle
1 EL Weißweinessig
4 EL Sonnenblumenöl (oder ein anderes mit wenig Eigengeschmack)
1 unbehandelte Zitrone

Zeit: 30 Minuten + 1–2 Tage Marinieren
Kalorien pro Portion: 120 kcal

1 Erstmal eine flache Schüssel suchen, in der das Fischfilet Platz hat. Da kommt es jetzt auch rein, mit der Haut nach unten. Mit dem Finger über das Fischfleisch fahren, spürbare Gräten mit der Pinzette langsam rausziehen.

2 1 Bund Dill unters kalte Wasser halten und anschließend gut trockenschütteln. Schön fein schneiden – ausnahmsweise mit den Stielen. Die Pfefferkörner müssen auch klein werden, das geht im Mörser, mit dem Messer auf dem Holzbrett oder mit einer Pfeffermühle, die schön grob mahlen kann. Pfefferkörner, 1 1/2 EL Salz und 1 gestrichenen EL Zucker verrühren und auf dem Fischfilet verstreuen. Den Dill auch.

3 Jetzt muss auf den Fisch was Schweres, damit die Zutaten gut einziehen können. Dazu braucht man ein Gefäß, das man gut mit Wasser füllen kann. Oder mit Steinen. Aber nicht zu hoch, sonst passt das Ganze nicht mehr in den Kühlschrank. Also eine Klarsichtfolie auf den Fisch, darauf ein Brett und darauf das selbst gemachte Gewicht.

4 Den Fisch in den Kühlschrank stellen und mindestens 24 Stunden Geduld haben. Zwischendurch aber immer mal wieder einen Blick drauf werfen. Und sobald sich in der Form Flüssigkeit bildet, den Fisch rausholen, abdecken und mit dem Sud belöffeln. Wieder zudecken und zurück in den Kühlschrank damit.

5 Wenn die Wartezeit vorbei ist, Fisch aus dem Kühlschrank holen, die Marinade etwas abstreifen und den Fisch auf ein Brett legen. Die Marinade in ein Sieb geben und die ablaufende Flüssigkeit für die Sauce mit Senf, 1/2 TL Zucker, etwas Salz und Pfeffer sowie Essig verrühren. Das Öl schlückchenweise dazurühren. Zum Schluss übrigen Dill waschen, die Spitzen abzupfen und unter die Sauce rühren. Zitrone heiß waschen und in Achtel schneiden.

6 Und jetzt kommt das scharfe Messer zum Einsatz: die Lachsforelle wird wie Räucherlachs leicht schräg und schön dünn von der Haut abgeschnitten. Beim ersten Stück geht das natürlich noch nicht so gut, aber von Scheibe zu Scheibe wird's besser! Die Lachsforelle mit der Sauce und den Zitronenachteln servieren. Mit ganz frischem Weißbrot dazu ist das einfach göttlich und könnte glatt das Hauptgericht überflüssig machen.

Schnelle Fischmousse
Spontan machbar

FÜR VIER: 150 g gekochter oder geräucherter Fisch (geht mit allem, kann auch Tunfisch aus der Dose sein) • 1 EL Calvados, Cognac oder Grappa (ersatzweise Fischfond oder Milch) • 3–4 TL Zitronensaft • Salz • Pfeffer aus der Mühle • 1/2 Bund Basilikum oder Dill oder Schnittlauch • 75 g Sahne

Zeit: 10 Minuten + 1 Stunde Kühlen • Kalorien pro Portion: 180 kcal

1 Den Fisch in Würfel schneiden (Tunfisch vorher abtropfen lassen) und mit Calvados, Cognac oder Grappa und dem Zitronensaft im Mixer fein pürieren. Mit Salz und Pfeffer würzen.

2 Kräuter abbrausen und trockenschütteln. Basilikumblätter, Dillspitzen oder Schnittlauch ganz fein schneiden. Die Sahne gut steif schlagen. Sahne und Kräuter unters Fischpüree heben. Im Kühlschrank mindestens 1 Stunde kühl stellen. Die Mousse kann aber auch ein paar Stunden oder über Nacht aufs Gegessenwerden warten.

Räucherfisch-Crostini
Norddeutsch-italienische Verbindung

FÜR VIER: 1 geräuchertes Fischfilet (Forelle, Saibling oder Makrele, etwa 150 g) • 1 feste Tomate • 1 kleiner Zucchino (etwa 80 g) • 2 EL Sauerrahm oder Crème fraîche oder Naturjogurt • 2 TL Zitronensaft • Pfeffer aus der Mühle • Salz • 12 Scheiben Baguette • ein paar Blätter Rucola

Zeit: 20 Minuten • Kalorien pro Portion: 170 kcal

1 Fisch fein zerpflücken oder würfeln. Tomate und Zucchino waschen und auch ganz fein zerkleinern, dabei bei der Tomate den Stielansatz entfernen. Alle drei Zutaten mit Sauerrahm, Crème fraîche oder Jogurt und Zitronensaft verrühren und großzügig mit Pfeffer, aber geizig mit Salz (der Fisch hat auch schon was davon) würzen.

2 Brotscheiben im Toaster oder im auf 250 °C vorgeheizten Backofen (oben oder Mitte!) in ungefähr 5 Minuten schön knusprig werden lassen.

3 Inzwischen schon mal die Rucolablätter waschen und trockenschleudern, dicke Stiele abknipsen. Die heißen Knusperbrote mit Rucola belegen und mit Räucherfischmasse behäufeln. Heiß schmecken die Crostini am allerbesten, aber kalt sind sie auch noch super.

mit und auf

Brot

Fischburger mit Zitronensauce

Lässt Fischmäcs ganz schön alt aussehen

FÜR ZWEI:
1 unbehandelte Zitrone
2 Eier (eins davon hart gekocht, das andere roh)
80 g fester Naturjogurt
1 kleine Essiggurke, 1 TL Kapern, 1 Schalotte
Salz, Pfeffer aus der Mühle
2 Fischfilets (jedes so ungefähr 150 g schwer und am besten mit festem Fleisch, z. B. Seelachs, Rotbarsch oder Viktoriabarsch)
2 EL Mehl, 5 EL Semmelbrösel
1 EL Butterschmalz oder Butter und Öl gemischt
2 Brötchen, Semmeln oder Schrippen (Sorte ist Geschmackssache – nur zu dunkel sollten sie nicht sein)
2 schöne Salatblätter

Zeit: 35 Minuten
Kalorien pro Portion: 600 kcal

1 Zuerst geht es um die Sauce, weil die kann warten, was der gebratene Fisch nicht so gern tut. Also die Zitrone gründlich heiß waschen, trockenrubbeln und etwas Schale abreiben. Dann ein Viertel abschneiden und ganz abschälen, also die dicke weiße Haut komplett abschneiden. Die Kerne rauspulen und das Zitronenfleisch in kleine Würfel schneiden. Mit dem Saft, der dabei ausläuft, und der abgeriebenen Zitronenschale in eine Schüssel umfüllen. (Restliche Zitrone anderweitig verwenden.)

2 Hart gekochtes Ei schälen und das Eiweiß abtrennen und klein schneiden. Eigelb mit einer Gabel zerdrücken und mit dem Jogurt verrühren. Die Essiggurke und die Kapern ganz klein schneiden, die Schalotte nach dem Schälen auch. Die klein geschnittenen Zutaten (auch das Eiweiß) und den Jogurt in die Schüssel mit der Zitrone rühren. Die Sauce salzen und pfeffern und warten lassen.

3 Die Fischfilets salzen und pfeffern. Das Mehl in einen Teller schütten, die Brösel in einen anderen und das rohe Ei in einen dritten. Das Ei mit einer Gabel verrühren, bis das Eigelb geplatzt und gut verteilt ist. Fischfilets erst im Mehl hin und her drehen, dann ins Ei legen und auch umdrehen. Zum Schluss kommen sie in die Semmelbrösel, und die sollen sie auch gut bedecken. Also eventuell mehrmals umdrehen und leicht in die Brösel drücken.

4 Wenn beide Filets bröselig sind, das Butterschmalz oder die Butter und das Öl in der Pfanne heiß machen. Die Fischfilets reinlegen und bei mittlerer Hitze pro Seite ungefähr 5 Minuten braten.

5 Genug Zeit, um die Brötchen, Semmeln oder Schrippen quer zu teilen und die Salatblätter zu waschen. Die kommen auf die unteren Burgerhälften. Die Fischfilets drauf legen, die Zitronensauce gerecht darauf verteilen, zusammenklappen und reinbeißen!

Frittierte Bällchen
Schmecken aus Resten oder aus frischem Fisch

FÜR ZWEI: 1 Scheibe Toastbrot • 1 kleine Zwiebel • 1 Knoblauchzehe • 150 g Fisch oder geschälte Garnelen – gegart, geräuchert oder roh • 1/2 Bund glatte Petersilie • 1 Eigelb • etwa 3 EL Semmelbrösel • Salz • Pfeffer aus der Mühle • 1/2 l Öl zum Frittieren • 1 EL scharfes Ajvar (aus dem Glas) • 1 EL Zitronensaft • 1 TL Olivenöl

Zeit: 35 Minuten • Kalorien pro Portion: 290 kcal

1 Vom Toastbrot die Rinde abschneiden, Brot in lauwarmem Wasser weich werden lassen. Zwiebel und Knoblauch schälen und fein hacken. Fisch oder Garnelen ganz fein hacken. Toastbrot ausdrücken und fein zerkrümeln. Petersilie abbrausen, trockenschütteln und die Blätter hacken. Alles mit Eigelb verkneten, dabei so viel Brösel dazugeben, dass die Masse gut zusammenhält. Salzen und pfeffern. Teig zu kleinen Bällchen drehen, so groß, dass sie auf einmal in den Mund passen. Hände zwischendurch immer mal unters kalte Wasser halten.

2 Zum Frittieren das Öl gut heiß werden lassen. Einen Kochlöffelstiel (aus Holz!) reintauchen. Wenn sich rundherum gleich viele Bläschen zeigen, ist das Fett heiß genug. Bällchen reinlegen und ungefähr 3 Minuten frittieren.

3 Inzwischen Ajvar mit Zitronensaft und Olivenöl verrühren, leicht salzen. In zwei Schälchen verteilen. Bällchen mit dem Schaumlöffel wieder rausholen, auf Küchenpapier abfetten lassen und heiß essen. In die Sauce dippen.

Krabben-Tramezzini
Für den tramezzo, und das ist die Zeit dazwischen

FÜR ZWEI: 1 kleine Avocado (am kleinsten und am besten sind die mit der dunklen runzligen Schale) • ein paar Blätter Rucola • 100 g Nordseekrabben (ausgepult!) • 2 EL Salatmayonnaise (aus dem Glas oder der Tube, etwa 50 g) • 1–2 TL Zitronensaft • Salz • Pfeffer aus der Mühle • 4 Scheiben Kastenweißbrot oder Sandwichbrot

Zeit: 12 Minuten • Kalorien pro Portion: 420 kcal

1 Die Avocado der Länge nach rundherum bis zum Kern einschneiden. Die Hälften gegeneinander drehen, eine löst sich dabei ab, aus der anderen mit einem Messer den Kern rauslösen. Beide Hälften schälen und in dünne Scheiben schneiden. Die Rucolablätter waschen und trockenschleudern oder -tupfen.

2 Die Krabben mit der Mayonnaise verrühren, mit dem Zitronensaft und Salz und Pfeffer abschmecken. 2 Brotscheiben mit dem Rucola belegen, die Avocado darauf geben, pfeffern, salzen. Krabbenmayo drauf häufen und verstreichen. Die beiden anderen Brotscheiben diagonal durchschneiden, drauf legen und nun erst die Brote ganz durchschneiden. Und die kann man jetzt gleich essen oder in Klarsichtfolie packen und für später in den Kühlschrank legen oder in den Picknickkorb!

Snacks vom

Mittelmeer

Salat mit gebratenem Fisch
Schnell und gut

FÜR ZWEI: 2 Tomaten • 1 EL schwarze Oliven • 1/2 Bund Basilikum • 1 1/2 EL Aceto balsamico (noch feiner: Balsamico bianco) • 1 Messerspitze mittelscharfer Senf • Salz • Pfeffer aus der Mühle • 4 EL Olivenöl • 1 kleiner Eichblattsalat (oder 1/2 anderer Salatkopf) • 250 g festfleischiges Fischfilet (Seeteufel für den besonderen, Heilbutt für den mittelfeinen und Rotbarsch für den gewöhnlichen Tag) • 2–3 TL Zitronensaft • 2 TL Butter

Zeit: 20 Minuten • Kalorien pro Portion: 320 kcal

1 Tomaten waschen und klein würfeln, dabei den Stielansatz entfernen. Oliven vom Stein schneiden und auch klein würfeln. Basilikumblätter von den Zweigen zupfen und in Streifen schneiden. Essig mit Senf, Salz und Pfeffer verrühren. 3 EL Öl mit der Gabel unterquirlen. Die Tomaten und die Oliven mit dem Basilikum unter das Dressing mischen. Salatblätter auseinander lösen, waschen, trockenschleudern und in Stücke zupfen.

2 Fisch in mundgerechte Stücke schneiden, mit Zitronensaft mischen, salzen und pfeffern. Übrigen Löffel Öl mit der Butter (die macht, dass der Fisch in der kurzen Zeit braun wird) in die Pfanne geben und warm machen. Fisch darin bei starker Hitze unter vorsichtigem Wenden 2–4 Minuten braten. Er ist fertig, wenn er an keiner Stelle mehr glasig ausschaut. Salat und Dressing locker mischen, auf Teller verteilen. Fisch daneben oder drauf legen.

Scharfer Garnelensalat
Fastfood auf asiatisch

FÜR ZWEI: 2–3 Frühlingszwiebeln • 1 Stück frischer Ingwer (etwa 1 cm lang) • 1 Knoblauchzehe • 1/2–1 rote Chilischote • 1 EL Limetten- oder Zitronensaft • 1 Prise Zucker • 2 EL Erdnussöl • 150 g gegarte geschälte Garnelen • Salz • etwas Koriandergrün zum Bestreuen

Zeit: 10 Minuten + 1 Stunde Ziehen • Kalorien pro Portion: 320 kcal

1 Wurzelbüschel und ganz dunkelgrüne Teile von den Frühlingszwiebeln abschneiden. Zwiebeln waschen und in feine Ringe schneiden. Ingwer und Knoblauch schälen und zuerst in feine Scheiben schneiden, dann in hauchzarte Stifte. Chilischote waschen, Stielansatz abschneiden. „Feurige" schneiden die ganze Schote mit den Kernen in Ringe, „Mittelscharfe" die ganze Schote ohne Kerne und „Sanfte" die halbe Schote ohne Kerne.

2 Zwiebeln, Ingwer, Knoblauch und Chili mit Limetten- oder Zitronensaft und Zucker verrühren, das Öl kräftig drunter rühren. Mit den Garnelen mischen, salzen und etwa 1 Stunde ziehen lassen. Mit Koriander bestreuen, essen! Mit Brot oder mit Glasnudeln oder mit Reis.

ganz

schön cool

Blinis mit Kaviar und Lachs

Machen glücklich und zufrieden

FÜR ZWEI:
knapp 1 TL Trockenhefe
1 TL Zucker
1/8 l lauwarme Milch
1 EL geschmolzene Butter
60 g Buchweizenmehl
60 g Mehl (Type 405)
Salz
1 Ei
etwa 150 g cremiger Sauerrahm
2–3 EL Öl zum Braten
etwa 100 g Forellen- oder Lachskaviar
etwa 100 g Räucherlachs in dünnen Scheiben
nach Belieben 1 Zitrone in Achtel und vielleicht noch ein paar Dillspitzen

Zeit: 40 Minuten + Ruhen über Nacht + 1 Stunde Ruhen
Kalorien pro Portion: 650 kcal

1 Die Hefe mit 1 EL lauwarmem Wasser und dem Zucker verrühren. Etwa 15 Minuten stehen lassen. Dann die warme Milch, die Butter und beide Mehlsorten unterrühren. Den Teig zudecken und über Nacht in den Kühlschrank stellen. Dadurch werden die Blinis leicht säuerlich, und das muss so sein.

2 Am nächsten Tag 1/2 TL Salz, das Ei und 50 g Sauerrahm gut unterrühren, den Teig wieder zudecken und nochmal etwa 1 Stunde in Ruhe lassen. Aber dieses Mal an einem warmen Ort.

3 Blinis muss man warm essen. Und weil schließlich niemand gern alleine isst, werden die gebackenen im Ofen warm gehalten, bis alle fertig sind. Also den Backofen auf 70 °C vorheizen. Einen großen Teller und das schönste Küchentuch reinlegen (Mitte!).

4 Eine Pfanne heiß werden lassen, etwas Öl reintröpfeln und mit dem Pinsel verteilen. Mit einem Löffel kleine Teighäufchen in die Pfanne setzen und flacher verstreichen. Bei mittlerer Hitze auf jeder Seite etwa 2 Minuten backen. Und die gebackenen Blinis immer ins Tuch einschlagen und im Ofen warm halten.

5 Wenn alle Blinis fertig sind, geht es so weiter: Ein Blini dünn mit etwas vom übrigen Sauerrahm bestreichen und mit Kaviar oder Räucherlachs belegen. Dann am besten zusammenklappen, in die Hand nehmen und abbeißen. Und wer will, träufelt vorher noch ein paar Tropfen Zitronensaft drüber und streut Dillspitzen obendrauf.

Scharfe Fischsuppe
Die kommt aus Thailand oder aus Vietnam

FÜR ZWEI: 1/2 kleine Packung Glasnudeln (etwa 50 g) • 1 Stange Sellerie • 1 Tomate • 1 Stück frischer Ingwer (etwa 1 cm lang) • 1–2 rote Chilischoten • 1 Fischfilet (z. B. Seelachs, knapp 200 g) • 400 ml Fischfond (aus dem Glas) oder Gemüsebrühe • 2 EL Reisessig (aus dem Asienladen) • 2 TL Zucker • 1 Zwiebel • 1 EL Erdnussöl • Salz • 2 EL Sojasauce

Zeit: 20 Minuten • Kalorien pro Portion: 210 kcal

1 Glasnudeln in lauwarmem Wasser einweichen, bis sie biegsam sind – dauert ungefähr 10 Minuten. Sellerie waschen, putzen und in dünne Scheiben schneiden. Tomate waschen und achteln, dabei den Stielansatz wegschneiden. Ingwer schälen und in feine Stifte schneiden. Die Chilischoten waschen, Stielansatz kappen. Die Schoten mit oder ohne Kerne (mit wird's noch schärfer) in feine Ringe schneiden.

2 Fischfilet in essbare Stücke schneiden. Fond oder Brühe mit Essig und Zucker aufkochen. Gemüse, Ingwer und Chili darin etwa 5 Minuten kochen. Inzwischen die Zwiebel schälen, fein hacken und im Öl schön braun braten. Glasnudeln abtropfen lassen, mit der Schere kleiner schneiden. Mit dem Fisch in die Suppe mischen, abdecken und 2 Minuten ziehen lassen. Suppe mit Salz und Soja abschmecken und mit den Zwiebelwürfeln bestreuen.

Fischsuppe mit Tomaten und Safran
Die stammt aus Frankreich

FÜR ZWEI: etwa 350 g gemischte Fischfilets (je gemischter, desto interessanter, ein paar Garnelen können auch dabei sein) • 2 Tomaten • 1 kleine Knolle Fenchel • 150 g Kartoffeln (am besten vorwiegend fest kochend) • 1 Zwiebel • 1 Knoblauchzehe • 1 EL Olivenöl • 1/8 l trockener Weißwein • 200 ml Fischfond (aus dem Glas) • ein paar Safranfäden (ist eine Erfahrung wert) oder 1/2 Döschen Safranpulver • Salz • Pfeffer aus der Mühle

Zeit: 15 Minuten + 25 Minuten Garen • Kalorien pro Portion: 310 kcal

1 Fisch in essbar kleine Stücke schneiden, Garnelen ganz lassen. Bei den Tomaten Stielansatz rausschneiden, dann Tomaten überbrühen, häuten und würfeln. Fenchel waschen, putzen, längs teilen, quer in feine Scheiben schneiden. Kartoffeln schälen und mit dem Gurkenhobel klein machen. Zwiebel und Knoblauch schälen, hacken.

2 Öl im Topf warm werden lassen. Zwiebel und Knoblauch reinrühren und kurz braten. Kartoffeln dazugeben, Fenchel auch. Wein und Fond mit den Tomaten dazuschütten, erhitzen. Alles zugedeckt bei mittlerer Hitze etwa 20 Minuten köcheln lassen, bis die Kartoffeln weich, aber nicht zu weich sind. Dann etwas Flüssigkeit aus dem Topf schöpfen. Safranfäden zerreiben und hineinrühren oder das Pulver unterrühren. Unter die Suppe mischen, salzen und pfeffern. Fischstücke in den Topf legen. Deckel drauf und Fisch 5 Minuten ziehen lassen. Fertig!

Löffel- oder

Stäbchenfood

Schnell – Filet

Rein in die Pfanne, rauf auf den Teller. Und das manchmal schon nach ein paar Minuten. Wer die Sauce dann schon fertig hat, hat gut lachen. Und wer sie noch schnell in der Pfanne fertig rührt, wird auch nicht alt dabei.

Hin und wieder wird aus dem Filet hier sogar noch was Kleineres: ein Klößchen oder ein Pflanzerl zum Beispiel.

Und immer gibt's dazu was Passendes: eine Orangensauce oder einen Kräuterschaum oder ein Kartoffel-Rucola-Püree oder eine feine Pasta.

Apfel-Zwiebel-Sauce

FÜR ZWEI: 1 kleinen Apfel schälen, in Viertel teilen, entkernen und in schmale Schnitze schneiden. 2–3 Frühlingszwiebeln waschen, putzen und in Ringe schneiden, dabei das ganz dunkle Grün entfernen. 1 Essiggurke würfeln.

Unter alles 100 g Sauerrahm mischen und eventuell noch 1 TL Kapern, salzen und pfeffern.

Schmeckt zu frischen Matjes (pro Person braucht man 2–3 Filets).

Meerrettichsauce

FÜR ZWEI: 1 EL Semmelbrösel in 1 EL Butter anrösten. Mit 1/8 l Gemüsebrühe und 50 ml Milch aufgießen, 5 Minuten köcheln lassen.

1 Stück frischen Meerrettich (etwa 5 cm lang) schälen und fein reiben (ersatzweise welchen aus dem Glas nehmen) und mit 2 EL Sahne drunter mischen. Mit Salz und Pfeffer aus der Mühle perfekt abrunden.

Schmeckt zu gebratenen, zu pochierten und zu gedünsteten Fischfilets.

Safran- oder Currysauce

FÜR ZWEI: 1/8 l Fischfond (aus dem Glas) im Topf einkochen lassen, bis nur noch die Hälfte da ist.

Einige Safranfäden oder 1/2 Döschen Safranpulver in wenig heißes Wasser geben und mit 100 g Crème fraîche zum Fond rühren. Oder 1–2 TL Currypulver mit der Crème fraîche dazurühren. Noch ein bisschen einkochen lassen. Mit Salz, Pfeffer aus der Mühle und 1–2 TL Zitronensaft abschmecken.

Schmeckt zu gedünstetem (gleich mit zum Fischfond in den Topf legen) oder gedämpftem Fisch, wie z. B. Schollen-, Seezungen- oder Rotbarschfilets.

Kalt & warm zu feinen Filets

gute 10 Minuten

Sushi mit Tunfisch und Lachs

Stäbchenfood für zwei

FÜR ZWEI:
150 g Rundkornreis (Sushi-Reis aus dem Asienladen oder italienischer Risotto-Reis oder spanischer Paella-Reis)
1 1/2 EL Reisessig (aus dem Asienladen)
2 TL Zucker, 1/2 TL Salz
1 Stück Rettich (etwa 150 g)
1 Stück frischer Ingwer (knapp 1 cm lang)
1 EL helle Sesamsamen
4–5 EL japanische Sojasauce (aus dem Asienladen)
1 Stück Salatgurke oder Zucchino (etwa 50 g)
1 Stück ganz frischer Tunfisch (etwa 150 g)
2 Scheiben geräucherter Lachs
2–3 TL Wasabi (japanischer Meerrettich, aus dem Asienladen, gibt's aus der Tube oder als Pulver zum Anrühren)
ein Schälchen eingelegter Ingwer (aus dem Asienladen, kann man offen kaufen und hält sich auch lang)

Zeit: 1 Stunde
Kalorien pro Portion: 560 kcal

1 Reis in ein Sieb schütten und so lang kaltes Wasser drüber laufen lassen, bis das Wasser nicht mehr trüb aussieht. Reis sehr gut abtropfen lassen, mit 190 ml Wasser zum Kochen bringen. 2 Minuten kochen lassen und dabei immer wieder durchrühren. Dann Hitze ganz weit runterschalten, Deckel drauf und Reis etwa 15 Minuten ausquellen lassen. Zum Schluss ganz ohne Hitze von unten 10 Minuten nachquellen lassen.

2 Essig mit Zucker und Salz kurz warm werden lassen und verrühren, bis keine Zucker- und Salzkristalle mehr zu sehen sind. Reis in eine Schüssel umfüllen, Essigmischung unterrühren. Reis abkühlen lassen.

3 In der Zeit den Rest erledigen. Für einen Rettichsalat den Rettich schälen, erst in hauchdünne Scheiben, dann in schön feine Stifte schneiden. Frischen Ingwer schälen und ganz fein hacken. Sesam im Mörser fein zerstoßen und mit Rettich, gehacktem Ingwer und 1 EL Sojasauce mischen. Gurke oder Zucchino waschen, putzen und auch in ganz feine Stifte schneiden. Tunfisch mit einem wirklich scharfen Messer in dünne Scheiben schneiden, Lachs in etwa 5 cm breite Streifen.

4 Lachs hauchdünn mit Wasabi bestreichen, wenig Reis und ein paar Gurken- oder Zucchinostifte drauf legen. Schön fest aufrollen und auf einer Platte anrichten. Vom übrigen Reis Stücke abnehmen und zu nicht ganz krokettengroßen Stücken formen. Tunfisch auf einer Seite ebenfalls mit Wasabi bestreichen und mit dieser auf den Reis drücken. Auf einer Platte anrichten.

5 Übrigen Wasabi mit übriger Sojasauce verrühren. Sushi in den Wasabi-Dip tunken und in den Mund schieben. Zwischendurch den eingelegten Ingwer und den Rettichsalat essen.

Lachs provençale
Très bon, très bon

FÜR ZWEI: 1 kleine Aubergine (etwa 180 g) • 1 Zucchino (etwa 120 g) • 1 kleine rote oder gelbe Paprikaschote (etwa 130 g) • 250 g Tomaten • 1 Zwiebel • 2 Knoblauchzehen • einige Zweige Thymian • 4 EL Olivenöl • 2 EL trockener Rotwein • Salz • Pfeffer aus der Mühle • Cayennepfeffer • 2 Stücke Lachsfilet (je etwa 170 g)

Zeit: 45 Minuten • Kalorien pro Portion: 600 kcal

1 Das Gemüse waschen und putzen. Alles in sehr kleine Würfel schneiden, aber getrennt, weil nicht alle Sorten gleichzeitig gebraten werden. Die Zwiebel und den Knoblauch schälen und auch fein schneiden. Den Thymian abbrausen und trockenschütteln, Blättchen von den Zweigen abstreifen, entgegen der Richtung, in die sie wachsen.

2 In einem Topf 3 EL vom Öl heiß werden lassen. Auberginenwürfel unter Rühren kräftig drin anbraten. Zucchino und Paprika dazu, kurz braten, dann Zwiebel, Knoblauch und Thymian. Nochmal kurz braten, dann Tomaten und Wein dazurühren, salzen und mit beiden Pfeffersorten gut würzen. Deckel drauf und das Gemüse bei mittlerer Hitze ungefähr 15 Minuten schmoren. Das Ratatouille-Gemüse soll noch schön Biss haben.

3 Lachsfilets auf beiden Seiten mit Salz und Pfeffer bestreuen. Übriges Öl in einer Pfanne heiß werden lassen. Filets reinlegen und bei starker Hitze 2–3 Minuten – kommt ganz drauf an, wie dick sie sind – braten. Vorsichtig umdrehen und nochmal so lang braten. Mit Ratatouille und frischem Brot essen. Reis schmeckt aber auch.

Fischröllchen in Tomatencreme
Die Füllung bringt's!

FÜR ZWEI: 1 eingelegtes Sardellenfilet • 2 TL Kapern • 2 Knoblauchzehen • 1 kleiner Zucchino (etwa 60 g) • 1 EL Öl (was gerade da ist) • 2 EL geriebener Parmesan • Pfeffer aus der Mühle • Salz • 4 dünne Scheiben Fisch (z. B. Lachsscheiben oder Schollenfilets) • 2 Tomaten • 80 g Crème fraîche • einige kleine Basilikumblättchen

Zeit: 35 Minuten • Kalorien pro Portion: 530 kcal

1 Sardellenfilet abtropfen lassen und mit den Kapern fein hacken. Den Knoblauch schälen und durch die Presse drücken. Zucchino waschen, putzen und fein raspeln und mit Sardelle, Kapern, Knoblauch, Öl und Käse mischen. Mit Pfeffer und Salz (vorsichtig, weil der Käse und die Sardelle auch schon salzig sind) abschmecken. Die Fischscheiben längs halbieren und die Masse darauf verteilen – nicht ganz bis zum Rand –, aufrollen und mit Zahnstochern feststecken.

2 Tomaten waschen und ganz klein würfeln, dabei den Stielansatz entfernen. Mit der Crème fraîche in einem Topf erhitzen, salzen und pfeffern. Fischröllchen einlegen, Deckel drauf und die Röllchen bei mittlerer Hitze etwa 10 Minuten schmoren. Nach der Hälfte der Garzeit Röllchen umdrehen. Vor dem Essen Basilikum drauf streuen.

wunderbar

gemüsig

Fischpflanzerl mit Kartoffelsalat

So was von gut!

FÜR ZWEI:
500 g Kartoffeln (unbedingt fest kochende Sorte!)
1/2 Brötchen oder Semmel
2–3 Frühlingszwiebeln
1/2 Bund Dill
1 TL Kapern
Schale von 1/2 unbehandelten Zitrone
200 g rohes oder gekochtes Fischfilet (egal welches, der Geschmack entscheidet)
1 Ei
Salz, Pfeffer aus der Mühle
1/8 l kräftige Gemüsebrühe
2–3 TL mittelscharfer Senf oder auch mal extra scharfer
1 EL Weißweinessig
2 EL Öl (was gerade da ist)
1 kleine Salatgurke
1/2 Bund Schnittlauch
1–2 EL Butterschmalz (Menge je nach Pfanne)

Zeit: 1 Stunde
Kalorien pro Portion: 545 kcal

1 Kartoffeln gut waschen und in einen Topf legen. Bis zur Hälfte der Kartoffelhöhe Wasser dazuschütten, aufkochen. Die Kartoffeln zugedeckt bei mittlerer Hitze in 20–30 Minuten weich, aber noch mit Biss kochen.

2 Brötchen oder Semmel in eine Schüssel legen, Wasser drüber laufen lassen, weich werden lassen. In der Zeit Frühlingszwiebeln waschen, putzen und fein hacken. Dill abbrausen, trockenschütteln und nur die groben Stiele abknipsen. Den Rest mit Kapern und Zitronenschale auch fein hacken. Fischfilet sehr klein würfeln. Brötchen aus dem Wasser nehmen, ausdrücken und auseinanderzupfen – ganz fein. Mit dem Ei unter die klein geschnittenen Zutaten mischen und kräftig verkneten. Mit Salz und Pfeffer würzen und kurz in den Kühlschrank stellen.

3 Brühe erhitzen. Kartoffeln abgießen und kurz ausdampfen lassen, schälen und in dünne Scheiben schneiden. Brühe mit Senf, Essig und Öl mischen, salzen und pfeffern. Kartoffeln gleich damit mischen. Gurke waschen und in Scheiben hobeln, Schnittlauch abbrausen und in Röllchen schneiden. Beides unter die Kartoffeln mischen.

4 Butterschmalz in einer Pfanne warm werden lassen. Aus dem Fischteig vier Pflanzerl (das sind kleine Küchlein) formen, in die Pfanne legen und bei mittlerer Hitze ungefähr 5 Minuten braten. Umdrehen und nochmal etwa 5 Minuten braten, bis sie schön braun sind. Kartoffelsalat durchmischen und probieren. Wenn er fad schmeckt, mit Salz und Essig nachwürzen. Salat lauwarm mit den heißen Pflanzerl essen.

Filet im Kartoffelkleid
Das kann sich sehen lassen

FÜR ZWEI: 250 g Kartoffeln (mehlige Sorten sind am besten geeignet) • 2 EL Speisestärke • Salz • 2 nicht zu dicke Fischfilets (z. B. Zander, Butt, Red Snapper oder Steinbeißer, jedes gut 150 g schwer) • 1 TL abgeriebene unbehandelte Zitronenschale • Pfeffer aus der Mühle • 1 Prise Kümmelpulver • 1–2 EL Olivenöl

Zeit: 30 Minuten • Kalorien pro Portion: 300 kcal

1 Die Kartoffeln waschen, schälen und in dünne Scheiben hobeln (mit dem Gurkenhobel). Auf ein Küchentuch legen und die Scheiben gut trocknen lassen. Dann mit der Speisestärke und etwas Salz mischen.

2 Die Fischfilets mit Zitronenschale, Salz, Pfeffer und Kümmel würzen. Jeweils eine Seite der Filets mit der Hälfte der Kartoffelscheiben so belegen, dass sie wie große (Fisch-)Schuppen drauf liegen, gut andrücken.

3 Öl in einer Pfanne (am besten geht's in einer beschichteten) warm werden lassen. Fisch mit der Kartoffelseite nach unten vorsichtig reinstürzen. Auf der Seite bei starker Hitze ungefähr 5 Minuten braten. Genug Zeit, um die zweiten Filetseiten gleich in der Pfanne mit den übrigen Kartoffelscheiben zu verkleiden. Den Fisch vorsichtig wenden und nochmal 5 Minuten braten, bis die zweite Seite auch schön braun ist.

Bratfisch mit Kartoffel-Rucola-Püree
Ein Püree, das glücklich macht

FÜR ZWEI: 500 g Kartoffeln (am besten mehlig kochende Sorten) • Salz • 2 oder 4 nicht zu dicke Fischfilets nach Geschmack (zusammen etwa 350 g) • 1 EL Zitronensaft • 1 Bund Rucola • 1/8 l heiße Milch • 2 1/2 EL Butter • Pfeffer aus der Mühle • frisch geriebene Muskatnuss

Zeit: 30 Minuten • Kalorien pro Portion: 420 kcal

1 Kartoffeln waschen, schälen und in gleich große Würfel schneiden. In einen Topf legen, etwa bis zur Hälfte der Kartoffelhöhe Wasser reinschütten, salzen. Kartoffeln in 15–20 Minuten bei mittlerer Hitze weich kochen. Derweil die Fischfilets mit dem Zitronensaft beträufeln. Vom Rucola alle welken Blätter aussortieren, die dicken Stiele abknipsen. Rucola waschen, trockenschleudern und fein hacken.

2 Wenn die Kartoffeln weich sind, Wasser abgießen. Kartoffeln mit dem Kartoffelstampfer im Topf zerdrücken, Milch und 1/2 EL Butter untermischen. Rucola unterheben und das Püree mit Salz, Pfeffer und Muskat würzen.

3 Die übrigen beiden Löffel Butter in einer Pfanne flüssig und leicht braun werden lassen. Die Fischfilets salzen, pfeffern und in der Butter bei mittlerer Hitze von jeder Seite 1–2 Minuten braten. Kartoffelpüree auf warme Teller häufen, Fischfilets daneben legen. Die Butter aus der Pfanne über das Püree laufen lassen.

Kartoffeln

mal anders

Klößchen mit Kräuterschaum

Die machen schwer was her und sind gar nicht schwer

FÜR ZWEI:
200 g Fischfilet (Hecht, Zander oder Forelle)
Salz, Pfeffer aus der Mühle
1 Eiweiß
1 dünne Scheibe Weißbrot
170 g Sahne
1 TL Zitronensaft
1 Glas Fischfond (400 ml)
1 Schalotte oder Frühlingszwiebel
1/2 Bund gemischte Kräuter (z. B. Dill, Zitronenmelisse, Schnittlauch, Petersilie, Borretsch)
1 EL Butter
1/8 l trockener Weißwein
1 Eigelb

Zeit: 40 Minuten + 1 Stunde Kühlen
Kalorien pro Portion: 550 kcal

1 Fischfilet schön klein würfeln, in einer Schüssel mit Salz, Pfeffer und Eiweiß mischen und in den Kühlschrank stellen. Brot würfeln und mit 60 g Sahne begießen, 10 Minuten stehen lassen. Dann Fisch mit eingeweichtem Brot und nochmal 60 g Sahne im Mixer pürieren. Mit Salz, Pfeffer und Zitronensaft abschmecken, wieder in die Schüssel füllen, zudecken und 1 Stunde kalt stellen.

2 Vom Fischfond 1/8 l für die Sauce abmessen, den Rest in einen weiten Topf schütten und warm werden lassen. Die Schalotte schälen oder die Frühlingszwiebel waschen und putzen. Schalotte oder Zwiebel fein schneiden. Die Kräuter abbrausen und trockenschütteln, die groben Stiele abzupfen. Kräuter auch sehr fein schneiden.

3 Die Fischmasse zu Klößchen formen: einen Teelöffel voll aus der Schüssel holen, mit der oberen Seite in einen zweiten Teelöffel umfüllen und so lange von einem Löffel in den anderen zurücklöffeln, bis ein glattes Klößchen entstanden ist. Dabei die Löffel immer wieder mal in Wasser tauchen. Die fertigen Klößchen auf ein kalt abgespültes Brett legen. Wenn alle geformt sind, vom Brett in den heißen Sud schieben, Deckel halb auf den Topf legen und die Klößchen bei schwacher Hitze ungefähr 10 Minuten ziehen lassen. Kochen darf der Fond nicht!

4 Gleichzeitig den Kräuterschaum machen. Butter zerlassen, Schalotte oder Zwiebel drin andünsten. Mit 1/8 l Fischfond und dem Wein begießen. Übrige Sahne auch dazuschütten und alles offen blubbern lassen, bis die Sauce cremig wird. Topf vom Herd ziehen. Sauce mit Salz und Pfeffer würzen. Eigelb mit dem Schneebesen gut untermischen und die Sauce so lange weiterrühren, bis sie schaumig ist. Kräuter untermischen. Klößchen mit dem Schaumlöffel aus dem Sud holen, in vorgewärmte Teller legen und die Sauce drüber schöpfen. Dazu schmeckt eigentlich fast alles, also Reis, Kartoffeln oder Nudeln.

Dämpffisch mit Sesamspinat
Ein bisschen japanisch

FÜR ZWEI: 450 g TK-Blattspinat • 1 Stück frischer Ingwer (etwa 1 cm lang) • 2 Knoblauchzehen • 1 rote Chilischote • 1 Stange Zitronengras * (Ersatz: langes Stück Zitronenschale) • 4 EL Sojasauce • 4 EL Reiswein * • 2 schöne Fischfilets (jedes ungefähr 180 g schwer, z. B. Zander, Lachs oder Barsch) • 2–3 EL Tahin (Sesampaste, gibt's im Reformhaus) • 2 EL Reisessig * • 1/2–1 TL Wasabi (japanischer Meerrettich) * • Saft von 1 Zitrone

Zeit: 30 Minuten • Kalorien pro Portion: 400 kcal

1 Den Spinat schon in der Früh aus der Packung nehmen und auftauen lassen. Am Abend den Ingwer und den Knoblauch schälen und ganz fein schneiden. Die Chilischote waschen, entstielen und in Ringe schneiden. Das Zitronengras waschen und in Stücke schneiden. Alles mit je 1 EL Sojasauce und Reiswein mischen und über den Fisch schütten. Tahin mit übrigem Reiswein, restlicher Sojasauce, Reisessig und Wasabi mischen.

2 Zitronensaft mit 1/4 l Wasser in einem Topf heiß werden lassen. Fische in einen Dämpfeinsatz legen und in den Topf über das heiße Wasser stellen. Fisch zugedeckt 5 Minuten dämpfen. Spinat in einem Topf mit wenig Wasser erhitzen und mit der Sesamsauce mischen. Zum Fisch essen. Mit Reis, mit Glasnudeln oder mit Reisnudeln.

(*) Gibt es alles im Asienladen, teilweise auch in den Spezialitätenecken gut sortierter Supermärkte.

Wokfisch mit Gemüse
Rasend schnell und rauschend bunt

FÜR ZWEI: 300 g Fischfilet (Scholle, Seeteufel oder Seelachs) • 1 Stück frischer Ingwer (etwa 1 cm lang) • 4 Frühlingszwiebeln • 1 rote Chilischote • 1 EL Zitronensaft • 6 Stangen grüner oder weißer Spargel (ersatzweise 4 Stangen Sellerie) • 150 g Austernpilze • 1 rote Paprikaschote • 3 EL Öl (was gerade da ist, aber nicht zu geschmacksintensiv) • 1/8 l Fischfond (aus dem Glas) oder Gemüsebrühe • 1 TL Currypulver • Salz

Zeit: 25 Minuten • Kalorien pro Portion: 310 kcal

1 Fischfilet in Streifen schneiden. Ingwer schälen und in Stifte schneiden. Die Frühlingszwiebeln waschen und putzen. Chili waschen, Stiel abschneiden. Chili und Zwiebeln fein hacken. Alles mit dem Zitronensaft mischen.

2 Spargel waschen, die Enden abschneiden, den weißen Spargel schälen. Die Stangen leicht schräg in knapp 1 cm dicke Scheiben schneiden. Austernpilze auseinander brechen, die zähen Stiele abschneiden. Die Hüte in Streifen schneiden. Paprikaschote vierteln, putzen und waschen. Die Paprikaviertel in Streifen schneiden.

3 Wok sehr heiß werden lassen, Öl reinschütten. Spargel, Pilze und Paprika dazu und bei starker Hitze etwa 3–5 Minuten braten. Immer rühren! Gemüse auf die Seite schieben. Fisch auf die freie Fläche legen und 1 Minute rühren und braten. Den Fischfond dazugießen und heiß machen. Mit Curry und Salz würzen und alles mischen.

ein bisschen

asiatisch

Fischfilets à l'orange

Französisch und ein wenig sizilianisch auch

FÜR ZWEI:
1 unbehandelte Orange
1 weiße oder rote Zwiebel
1 EL schwarze Oliven
1 kleiner Zweig Rosmarin
2 Filets von Fischen aus dem Meer (z. B. Rotbarsch, Viktoriabarsch, Seeteufel, Schwertfisch oder auch Tunfisch)
Salz, Pfeffer aus der Mühle
1 EL Olivenöl
5 EL Marsala oder trockener Weißwein oder Wasser
2–3 TL Zitronensaft
1 Döschen Safranpulver

Zeit: 20 Minuten
Kalorien pro Portion: 300 kcal

1 Die Orange unter dem heißen Wasserstrahl gut waschen und abtrocknen. Die Schale hauchdünn abschneiden (reiben geht bei Orangen nicht so gut) und ganz fein schneiden. Die Orange durchschneiden, eine Hälfte auspressen, die andere ganz schälen und das Orangenfleisch in kleine Würfel schneiden. Die Zwiebel schälen und halbieren, in feine Streifen schneiden. Olivenfleisch vom Stein schneiden, auch in Streifen. Rosmarin abbrausen, Nadeln vom Zweig zupfen und noch kleiner zupfen.

2 Den Backofen auf 70 °C vorheizen. Zwei Essteller und einen zusätzlichen zum Warmhalten vom Fisch reinstellen (Mitte!). Die Fischfilets auf beiden Seiten salzen und pfeffern. Öl in einer Pfanne heiß werden lassen. Fischfilets darin bei starker Hitze pro Seite ungefähr 2 Minuten braten. Ab auf den einen Teller im Ofen.

3 Zwiebelstreifen mit dem Rosmarin im verbliebenen Bratfett unter Rühren 5–10 Minuten braten, bis sie bissfest sind. Orangensaft und Marsala oder Wein oder Wasser in die Pfanne schütten und alles, was sich am Pfannenboden angesetzt hat, damit loskochen. Wenn's nicht von selbst geht, mit dem Kochlöffel nachhelfen. Zitronensaft und Safran einrühren. Saft vom Fischteller im Ofen, Oliven, Orangenfleisch und -schale untermischen. Sauce mit Salz und Pfeffer würzen.

4 Die Fischfilets vom Warmhalteteller auf die gut warmen Essteller legen. Die Sauce darüber verteilen und gleich essen. Mit Brot oder mit Reis (besonders lecker mit Zitronenschalenstreifen und gerösteten Pinienkernen!).

Penne mit Krautkrabben
Italy meets Büsum

FÜR ZWEI: ein paar Blätter Weißkohl, Wirsing oder Spitzkohl (etwa 150 g) • 1 kleine Zwiebel • Salz • 200 g Penne oder 250 g, wenn der Hunger riesig ist • 1 EL Butter • 1/2 TL ganzer Kümmel oder 1 Messerspitze Sambal oelek (gibt's im Orientshop oder beim Türken) • 100 g Nordseekrabben (ausgepult!) • 4 EL Sahne

Zeit: 20 Minuten • Kalorien pro Portion: 595 kcal

1 Kohlblätter waschen, die dicken Rippen in der Mitte rausschneiden. Die Blätter in Streifen schneiden und wenn sie sehr lang sind, nochmal teilen. Die Zwiebel schälen und sehr fein hacken. Für die Nudeln in einem großen Topf viel Wasser aufkochen, salzen. Nudeln reinschütten, umrühren und in ungefähr 8 Minuten al dente kochen. Immer mal wieder umrühren und schon nach 7 Minuten vorsichtshalber eine Nudel probieren.

2 Während sich das Nudelwasser aufheizt, geht's wieder um die Sauce. Butter im Topf schmelzen, Zwiebel reinrühren. Kohlstreifen dazugeben und kurz anbraten. Kümmel oder Sambal dazugeben und 50 ml Wasser. Salzen, Deckel drauf, bei mittlerer Hitze 8–10 Minuten schmoren, bis die Kohlstreifen auch al dente sind.

3 Krabben und Sahne unter das Kraut mischen, abschmecken. Nudeln ins Sieb schütten, abtropfen lassen und mit den Krautkrabben mischen. Ganz heiß essen!

Linguine ai frutti di mare
Italy x Feinkosttheke

FÜR ZWEI: 1 große Tomate • 1/2 Bund Petersilie • 2 Knoblauchzehen • 100 g Meeresfrüchtesalat (vom Feinkost-Italiener oder aus dem Fischgeschäft, aber ohne Sahne oder Mayo!) • Salz • 250 g Linguine • 1 EL Olivenöl • 1 Spritzer trockener Weißwein • 1 Prise zerkrümelte getrocknete Chilischote

Zeit: 20 Minuten • Kalorien pro Portion: 580 kcal

1 Tomate waschen und klein würfeln, dabei Stielansatz entfernen. (Wer mag, kann sie vorher auch häuten, muss aber nicht sein.) Petersilie abbrausen, trockenschütteln und nur die ganz dicken Zweige abknipsen, den Rest fein schneiden. Knoblauch schälen und fein würfeln. Meeresfrüchtesalat abtropfen lassen, große Stücke klein machen.

2 Für die Nudeln im großen Topf viel Wasser zum Kochen bringen, salzen. Nudeln darin in etwa 8 Minuten bissfest kochen. Immer wieder umrühren und nach 7 Minuten schon mal eine Nudel rausfischen und probieren.

3 Die Zeit reicht für die Sauce: Öl warm machen. Knoblauch und Petersilie kurz drin braten. Tomate und den Spritzer Wein dazu, ein paar Minuten einköcheln lassen. Die Meeresfrüchte untermischen und nur warm werden lassen. Mit Salz und Chili würzen. Die Nudeln ins Sieb schütten, abtropfen lassen und zur Sauce in die Pfanne geben. Gut umrühren und auf den Tisch stellen.

Pasta

ganz schnell

Praktisch - ganze Fische

Da liegt er im Fischgeschäft, der schöne Fisch, auf ganz viel Eis und sieht einfach verlockend aus. Aber was mach ich bloß daheim mit dem?

Könnte ihn doch mal in eine dicke Salzkruste verpacken, die ich dann nach dem Backen am Tisch mit dem Hammer zertrümmern und so richtig Eindruck schinden kann. Oder ich grill ihn oder ich lass ihn im Sud ziehen.

Egal für was ich mich entscheide, in dem Kapitel finde ich bestimmt was Passendes für den schönen Fisch!

Tomaten-Oliven-Vinaigrette

FÜR ZWEI: 1 Fleischtomate waschen und in kleine Würfel schneiden, dabei den Stielansatz entfernen. 1 EL entsteinte schwarze Oliven und ein paar Basilikumblätter hacken.

Vorbereitete Zutaten mit 1/2 EL Aceto balsamico und 1–2 EL Olivenöl mischen. Mit Salz und Pfeffer aus der Mühle abschmecken.

Schmeckt zu gegrilltem und zu gebratenem Fisch (am besten zu kräftigen Sorten aus dem Meer, wie Tunfisch oder Schwertfisch oder Brasse).

Scharfe Knoblauch-Mayo

FÜR ZWEI: 1/2 rote Chilischote waschen und den Stielansatz wegschneiden, 2–4 Knoblauchzehen schälen. 1/2 Bund Petersilie waschen und trockenschütteln und die Blätter von den Zweigen zupfen. Alles schön fein schneiden.

1 Messerspitze Safranpulver und 2–3 TL Zitronensaft mit 100 g Salatmayonnaise (aus dem Glas oder der Tube) mischen, klein geschnittene Sachen unterrühren. Mit Salz abschmecken.

Passt zu gegrillten und frittierten, aber auch zu pochierten und gedämpften Fischen.

Grüne Sauce

FÜR ZWEI: 2 Frühlingszwiebeln waschen, putzen und das ganz dunkle Grün wegschneiden. 50 g gemischte Kräuter (Petersilie, Dill, Basilikum, Borretsch und Zitronenmelisse) abbrausen und trockenschütteln. Mit 1 EL Kapern sehr fein hacken. 2 Knoblauchzehen schälen und dazupressen.

1 TL mittelscharfen Senf, 1 EL Zitronensaft, 2 EL Olivenöl und 2 EL Fischfond (aus dem Glas) oder Gemüsebrühe untermischen. Mit Salz und Pfeffer aus der Mühle würzen.

Fantastisch zu gegrilltem oder pochiertem Fisch.

Coole Begleiter für BBQ & Co.

gute

5

Minuten

Fische im sauren Sud

Die heißen auch Blaugekochte

FÜR ZWEI:
2 Forellen oder Saiblinge (jeder Fisch ungefähr 300 g, küchenfertig)
1/4 l Weißweinessig
1 Bund Suppengrün
1 Zwiebel
1 unbehandelte Zitrone
1 TL schwarze oder weiße Pfefferkörner
Salz
2 EL Butter + ein bisschen mehr
2 EL Öl (was gerade da ist, aber nicht zu geschmacksintensiv)
100 g Sahne
2–3 TL extra scharfer Senf

Zeit: 40 Minuten
Kalorien pro Portion: 650 kcal

1 Die Fische nur innen waschen, wenn da noch Blut zu sehen ist. Der äußere, leicht glitschige Schleim muss dran bleiben, sonst werden die Fische nicht blau beim Kochen. Fische in ein längliches Gefäß legen und mit dem Essig begießen. In Ruhe lassen, bis der Sud fertig ist.

2 Für den Sud Suppengrün waschen oder schälen – je nach Sorte – und grob zerkleinern. Zwiebel schälen und halbieren. Zitrone heiß waschen und in Scheiben schneiden. Alles mit Pfefferkörnern und 1 l Wasser in einem großen Topf (am besten ein länglicher Fischtopf) aufkochen und etwa 15 Minuten köcheln lassen. Dann entweder durch ein Sieb gießen und den Sud wieder in den Topf schütten. Oder das Gemüse und die anderen Teile mit dem Schaumlöffel aus dem Sud rausfischen. Sud salzen.

3 Fische in den Sud legen und bei geringer Hitze ungefähr 12 Minuten drin ziehen lassen. Die Flüssigkeit darf nicht kochen, sonst platzt die Fischhaut auf und das Fischfleisch wird auch trocken.

4 In der Zeit die Sauce machen: Butter, Öl und Sahne mit Senf im Topf erhitzen. Wenn die Butter geschmolzen ist, mit dem Schneebesen alles gut durchrühren, salzen, fertig.

5 Fische mit dem Schaumlöffel vorsichtig aus dem Sud heben, auf vorgewärmte Teller legen. Mit der Sauce auf den Tisch stellen. Dazu gibt es vielleicht ein bisschen zerlassene Butter. Und Kartoffeln.

AUCH NICHT SCHLECHT: Und noch schneller dazu – 2 Fischfilets (jedes 180 g) mit je 3 EL Weißweinessig begießen, ziehen lassen. Sud wie oben zubereiten, allerdings nur 1/2 l Wasser nehmen und Suppengrün in feine Streifen schneiden und nicht rausfischen. Sud salzen und pfeffern. Fischfilets reinlegen und 5–10 Minuten drin ziehen lassen. Mit dem Gemüse rausheben, Sauce dazu, fertig.

Ganzer Fisch auf Olivensalat
Was den Italienern nicht alles einfällt!

FÜR VIER: 800 g Kartoffeln (vorwiegend fest kochende Sorte) • 6 EL Olivenöl • Salz • Pfeffer aus der Mühle • 1 kleinerer Romana-Salat • 1 Bund Rucola • 1–2 getrocknete Peperoni • 1–2 EL schwarze Oliven • 1 EL Kapern • 1/8 l trockener Weißwein • 1 ganzer, küchenfertiger Fisch (ungefähr 1 kg; besonders fein: Meerbrasse, auch lecker: Seehecht, Makrelen oder Rotbarben)

Zeit: 20 Minuten + etwa 35 Minuten Backen • Kalorien pro Portion: 420 kcal

1 Den Backofen auf 200 °C vorheizen. Kartoffeln waschen, schälen und in knapp 1 cm dicke Scheiben schneiden. Mit 3 EL Olivenöl, Salz und Pfeffer in einer großen hitzebeständigen Form mischen. In den Ofen (Mitte!) schieben und schon mal 20 Minuten braten. Einmal zwischendurch durchrühren.

2 Romana-Salat auseinander lösen, waschen, trockenschleudern und in Streifen schneiden. Rucola waschen und trockenschleudern, dicke Stiele abzupfen. Peperoni im Mörser oder zwischen den Fingern fein zerkrümeln. Alles mit Oliven, Kapern und Wein unter die Kartoffeln mischen. Fisch waschen, innen und außen salzen und pfeffern, drauflegen, mit dem übrigen Öl beträufeln. Nochmal ungefähr 35 Minuten in den Ofen schieben. Am besten den Fisch dabei einmal wenden, aber in jedem Fall den Salat mal durchrühren, damit er oben nicht trocken wird.

Sardinen aus dem Ofen
Mit Fisch, der nur ganz wenig kostet

FÜR ZWEI: 400 g Sardinen • 3 Tomaten • Salz • Pfeffer aus der Mühle • 1 Bund Basilikum • 1 TL Fenchelsamen (wenn welche da sind) • 2 EL Pinienkerne • 2 EL Olivenöl • 2 EL Semmelbrösel • 2 Knoblauchzehen

Zeit: 20 Minuten + etwa 15 Minuten Backen • Kalorien pro Portion: 350 kcal

1 Die Sardinen waschen, die Köpfe abschneiden. Fische am Bauch auf-, aber nicht durchschneiden, aufklappen. Jetzt sieht man die Gräte in der Mitte: mit einem Löffelstiel drunter fahren und die Gräte abheben. Den Backofen auf 250 °C vorheizen.

2 Tomaten waschen und in dünne Scheiben schneiden, dabei den Stielansatz entfernen. Eine hitzebeständige Form damit auslegen, salzen und pfeffern. Fische auch salzen und pfeffern und drauf legen. Basilikumblättchen von den Zweigen zupfen und mit Fenchelsamen und Pinienkernen fein hacken. Mit Öl und Semmelbröseln in ein Schüsselchen geben. Den Knoblauch schälen und dazupressen, alles gut mischen. Auf die Fische bröseln.

3 Fische im Ofen (Mitte!) ungefähr 15 Minuten backen. Mit Brot essen. Übrigens: Wenn man eine Schuppe im Mund spürt, macht das gar nichts. Die sind so klein und harmlos, dass man sie locker runterschlucken kann.

vorbereiten, backen,

genießen

Fisch mit Mangold im Teigmantel

Würzig verpackt

FÜR VIER:
1 Staude Mangold (etwa 700 g)
Salz, 1 Bund Frühlingszwiebeln
100 g Schafskäse
2 EL Crème fraîche
2 EL Zitronensaft
Pfeffer aus der Mühle
Chilipulver oder Cayennepfeffer
1 größerer, küchenfertiger Fisch (etwa 1 kg, Makrele oder Brasse oder Lachsforelle) oder die Filets davon
2 Blätter Yufka- oder Filo-Teig (gibt's beim Türken oder Griechen in der Kühltheke) oder 2 Packungen fertig ausgerollter Strudelteig (jeweils 100 g, aus der Kühltheke) oder 1 Packung TK-Blätterteig (450 g)
1 EL Butter

Zeit: 35 Minuten + 40 Minuten Backen
Kalorien pro Portion: 840 kcal

1 Vom Mangold das Stielende abschneiden, die Blätter auseinander lösen und waschen. Grüne Blätter vom Stiel abschneiden, die Stiele fein würfeln. Beides in kochendem Salzwasser 2 Minuten kochen, ins Sieb abschütten und kräftig kaltes Wasser darüber laufen lassen. Gut abtropfen lassen.

2 Von den Frühlingszwiebeln die Wurzelbüschel und die welken und ganz dunkelgrünen Teile abschneiden. Die Zwiebeln waschen und in Ringe schneiden. Den Schafskäse zerkrümeln. (Wer sich für Blätterteig entschieden hat, den jetzt auftauen lassen.)

3 Den Backofen auf 200 °C vorheizen. Backblech mit Backpapier belegen. Zwiebelringe mit Schafskäse, Crème fraîche und 1 EL Zitronensaft mischen. Mit Salz, Pfeffer und Chilipulver oder Cayennepfeffer würzen. Den ganzen Fisch unter den kalten Wasserstrahl halten, innen und außen säubern und mit ein paar Blättern Küchenpapier trocknen. Ganzen Fisch oder die Fischfilets salzen und pfeffern und mit dem übrigen Zitronensaft beträufeln.

4 Yufka- oder Filo-Teig mit Wasser bepinseln und aufeinanderlegen. (Den Strudelteig so auf der Arbeitsfläche ausbreiten, dass sich die Blätter überlappen. Oder die Blätterteigplatten aufeinander legen und mindestens auf die dreifache Größe ausrollen.) Die Hälfte vom Mangold und der Käsemasse drauf verteilen. Den ganzen Fisch oder die zusammengeklappten Filets darauf legen, restliche Käsemasse und übrigen Mangold darüber geben. Teig über dem Fisch zusammenklappen. Das Päckchen mit den Teigenden nach unten auf das Backblech legen. Die Butter zerlaufen lassen, Teig damit bepinseln.

5 Den Fisch im Teigmantel im Ofen (Mitte!) etwa 40 Minuten backen, bis der Teig schön braun und knusprig ist. Zwischendurch immer mal wieder mit Butter bepinseln.

Rotbarben in Knoblauchöl
So fein und so schnell fertig

FÜR ZWEI: **1 Knolle Fenchel • 4 kleinere, küchenfertige Rotbarben (jede ungefähr 150 g schwer, wenn sie doch größer sind, nur 2 nehmen) • 4 Knoblauchzehen • 1/2 Bund Basilikum oder ein paar Zweige Thymian • 1/2 unbehandelte Zitrone • Salz • Pfeffer aus der Mühle • 4 EL Olivenöl + vielleicht ein bisschen mehr**

Zeit: 30 Minuten • Kalorien pro Portion: 350 kcal

1 Fenchel waschen, welkes Grün abschneiden. Der Länge nach halbieren, Strunk rausschneiden, Fenchel quer in dünne Scheiben schneiden. Fische waschen und trockentupfen. Knoblauch schälen, 2 Zehen vierteln und jeweils in den Bauch der Fische legen. Die übrigen Zehen in feine Scheiben schneiden. Basilikum- oder Thymianblätter von den Zweigen zupfen, Basilikumblätter in Streifen schneiden. Zitrone waschen, mit der Schale in kleine Würfel schneiden und mit den Kräutern auch in den Bauch legen. Fische innen und außen salzen und pfeffern.

2 Öl in einer großen Pfanne – alle Fische sollen Platz drin haben – heiß machen. Ist die Pfanne zu klein, zwei Pfannen nehmen und ein bisschen mehr Öl. Erst den Fenchel 4–5 Minuten drin braten, wieder rausholen oder an die Seite schieben. Fisch reinlegen, Knoblauchscheiben darüber streuen, offen bei mittlerer Hitze pro Seite 3–4 Minuten braten. Gleich essen – mit dem Fenchel und mit Weißbrot!

Gebratene Heringe mit Spinat-Brot-Salat
Unbedingt probieren!

FÜR ZWEI: **2 Hand voll Blattspinat (ungefähr 150 g) • Salz • 1 Tomate • 1 kleine rote Zwiebel • 1 Knoblauchzehe • 50 g altbackenes Brot (kann auch Vollkorn sein, aber nicht zu dunkel und nicht zu kompakt) • 1 EL Zitronensaft • 1 1/2 EL Olivenöl • Pfeffer aus der Mühle • 2 küchenfertige grüne Heringe (das sind die ganz frischen, je etwa 230 g) • 1 EL Mehl • 1 EL Öl (was gerade da ist, neutral im Geschmack)**

Zeit: 45 Minuten • Kalorien pro Portion: 645 kcal

1 Welke Spinatblätter aussortieren, dicke Stiele abknipsen. Kaltes Wasser ins Waschbecken laufen lassen, Spinat gut drin hin und her schwenken. Danach gleich in kochendes Salzwasser geben. Nur 1 Minute kochen und die Blätter zusammenfallen lassen. Ins Sieb schütten, mit kaltem Wasser abschrecken und abtropfen lassen. Tomate waschen und fein würfeln, dabei Stielansatz entfernen. Zwiebel und Knoblauch schälen, ebenfalls fein würfeln.

2 Brot klein würfeln, mit Spinat, Tomate, Zwiebel, Knoblauch, Zitronensaft und Olivenöl mischen. Mit Salz und Pfeffer abschmecken und zugedeckt 30 Minuten ziehen lassen. Immer mal wieder durchrühren.

3 Heringe salzen und pfeffern, im Mehl wenden. Neutrales Öl in einer Pfanne erwärmen. Die Heringe bei mittlerer Hitze darin pro Seite ungefähr 6 Minuten braten, bis sie schön braun sind. Auf Teller legen, Salat daneben löffeln.

mal was

anderes

Grillfische mit Peperonata

Lässt italienische Träume wahr werden

FÜR VIER:
ungefähr 1 kg Fisch und Meeresfrüchte (Tintenfisch, ein paar Sardinen, Makrelen oder Barben, alles küchenfertig, dazu eventuell auch ein paar Garnelen, aber die müssen roh und in der Schale sein, und wenn viele Filets dabei sind, braucht man keine 1000 g, sondern nur 800 g)
Salz
einige Zweige Rosmarin
6 Knoblauchzehen
Saft von 1 Zitrone
7 EL Olivenöl
Pfeffer aus der Mühle
4 Paprikaschoten (am besten bunt gemischt)
2 Zwiebeln
1 Packung gewürfelte Tomaten (500 g)
Cayennepfeffer
2 EL heller Essig (z. B. Weißweinessig, Sherryessig oder Balsamico bianco)

Zeit: 1 Stunde + ein paar Stunden Marinieren
Kalorien pro Portion: 440 kcal

1 Die Fische und Meeresfrüchte waschen und trockentupfen. Tintenfisch in kochendem Salzwasser 1 Minute garen, kalt abschrecken und abtropfen lassen. Rosmarin abbrausen, trockenschütteln und die Nadeln von den Zweigen zupfen. 4 Knoblauchzehen schälen und mit dem Rosmarin schön klein schneiden. Mit Zitronensaft und 4 EL vom Öl zu einer Marinade vermischen, salzen und pfeffern. Die Fische und Meeresfrüchte in eine Form legen, die Marinade drüber schütten. Folie drüber spannen, Fische für ein paar Stunden im Kühlen marinieren lassen.

2 Die Paprikaschoten putzen, waschen und in Streifen schneiden. Übrige Knoblauchzehen und die Zwiebeln schälen. Knoblauch hacken, Zwiebeln einmal durchschneiden und in dünne Streifen schneiden.

3 Übriges Öl im Topf warm werden lassen. Zwiebeln, Knoblauch und Paprika drin anbraten. Tomaten dazu, mit Salz, Pfeffer und Cayennepfeffer gut würzen. Deckel drauf und das Gemüse bei Mittelhitze ungefähr 15 Minuten schmoren. Mit dem Essig abschmecken. Und diese Peperonata schmeckt lauwarm, kalt und heiß. Also eventuell nochmal aufwärmen, wenn die Fische auf den Grill kommen.

4 Grill anheizen: Holzkohlengrill oder Backofengrill. Beim Holzkohlengrill muss die Kohle glühen, wenn die Grillzutat drauf kommt. Fische und Meeresfrüchte aus der Marinade nehmen, abtropfen lassen und pro Seite 5–10 Minuten (hängt ganz davon ab, wie dick sie sind) grillen. In jedem Fall sollen sie schön braun werden, aber auch nicht zu lang der Hitze ausgesetzt sein, weil sie sonst nämlich ziemlich trocken werden können.
Mit Peperonata und Weißbrot essen. Und einen trockenen Weißen dazu trinken.

Fisch in der Folie
Wunderpäckchen

FÜR ZWEI: 2 dünne Stangen Lauch • 150 g Champignons • 1 unbehandelte Zitrone • 1/2 Bund Oregano (ersatzweise glatte Petersilie) • Salz • Pfeffer aus der Mühle • 2 ganze, küchenfertige Fische (jeder etwa 300 g; das kann ein Saibling sein, eine Forelle, aber auch eine Makrele oder eine Brasse) • 2 EL Butter

Zeit: 20 Minuten + etwa 20 Minuten Backen • Kalorien pro Portion: 270 kcal

1 Den Backofen auf 220 °C vorheizen. Vom Lauch Wurzelbüschel und dunkelgrüne Teile abschneiden. Lauch längs aufschneiden und gründlich waschen. Dann in Streifen schneiden, längs oder quer ist egal, aber dünn. Die Champignons mit Küchenpapier trocken abreiben, Stielenden kappen. Pilze in dünne Scheiben schneiden.

2 Zitrone waschen, die Schale dünn abschneiden, eine Hälfte auspressen. Oregano abbrausen, trockenschütteln, Blättchen abzupfen. Gemüse mit Zitronenschale und Oregano mischen, salzen und pfeffern. Zwei große Stücke Alufolie ausbreiten (glänzende Seite nach innen!) und die Hälfte vom Gemüse jeweils in die Mitte geben.

2 Die Fische waschen, trockentupfen, salzen und pfeffern (auch innen) und mit Zitronensaft beträufeln. Auf das Gemüse auf der Folie legen. Das übrige Gemüse drüber verteilen und mit der Butter in kleinen Stücken belegen. Folie über dem Fisch verschließen und zusammendrücken. Fische auf dem Rost im Ofen (Mitte!) etwa 20 Minuten garen. Mit der Folie auf den Tisch stellen.

Mandelfische aus der Pfanne
Ruckzuck fertig

FÜR ZWEI: ein paar Zweige glatte Petersilie • 2 Forellen, Saiblinge oder Renken (je etwa 300 g, küchenfertig) • 1 EL Zitronensaft • Salz • Pfeffer aus der Mühle • 1 EL Mehl • 1 EL Butter • 1 EL Öl (was gerade da ist, aber nicht zu geschmacksintensiv) • 2 EL Mandelblättchen • einige Zitronenschnitze

Zeit: 20 Minuten • Kalorien pro Portion: 305 kcal

1 Die Petersilienzweige abbrausen und trockenschütteln. Fische waschen und trockentupfen. Innen und außen mit Zitronensaft, Salz und Pfeffer würzen, in Mehl wenden. Die Petersilie in die Bauchhöhlen der Fische legen.

2 Butter und Öl in einer großen Pfanne – in der beide Fische Platz haben sollen – warm werden lassen. Mandelblättchen drin schwenken, bis sie goldgelb sind. Aufpassen, das geht ziemlich fix. Wieder herausfischen. Die Fische im Bratfett bei mittlerer Hitze 6 Minuten braten. Umdrehen und nochmal ungefähr 6 Minuten braten. Die Fische rausnehmen und auf vorgewärmte Teller legen.

3 Die Mandelblättchen wieder in die Pfanne schütten und nochmal warm machen. Mit dem Bratfett auf den Fischen verteilen. Die Zitronenschnitze mit auf die Teller legen. Und jetzt bleibt nur noch das Filetieren.

ziemlich

klassisch

Fisch in der Salzkruste

Köstlich abgeschirmt

FÜR VIER:
1 ganzer, küchenfertiger Fisch (gut 1 kg schwer, eine Brasse, eine Lachsforelle, ein Barsch oder ähnliches)
1 Bund Basilikum
2 unbehandelte Zitronen
1–2 TL Fenchelsamen oder 1/2 TL schwarzer oder weißer Pfeffer (und zwar grob gemahlen)
2 1/2 kg Salz (und das kann das ganz normale sein)
2 Eiweiße
50 g kalte Butter

Zeit: 1 Stunde
Kalorien pro Portion: 230 kcal

1 Der Fisch ist frisch und komplett ausgenommen und geputzt, da ja küchenfertig. Die Schuppen können aber ruhig noch dran sein, weil die Haut isst man sowieso nicht mit. Also das Prachtstück zu Hause nur noch mal kalt abbrausen und innen und außen mit Küchenpapier abtupfen.

2 Den Backofen auf 250 °C vorheizen. Das Backblech bereit stellen. Für die Füllung vom Fisch die Hälfte von den Basilikumblättern von den Zweigen zupfen und grob zerrupfen. 1 Zitrone heiß waschen und in dünne Scheiben schneiden. Mit den Fenchelsamen oder dem Pfeffer und dem gezupften Basilikum in den Bauch vom Fisch legen.

3 Für die Kruste das Salz in eine Schüssel schütten. 200 ml kaltes Wasser und die 2 Eiweiße dazuschütten und alles mit den Händen gut durchmischen. Die Hälfte davon aufs Blech rutschen lassen und ausbreiten. Den Fisch drauf legen, mit der restlichen Salzmasse abdecken. Aus der Salzmasse rund um den Fisch einen schönen Panzer drücken und formen. Ab in den Ofen (Mitte!) und den Fisch ungefähr 30 Minuten drin lassen.

4 Während der Zeit schon mal übrige Basilikumblätter abzupfen und ganz klein schneiden. Die zweite Zitrone auch waschen und die Schale abreiben. Die Butter mit der Gabel cremig drücken, Basilikum und Zitronenschale drunter rühren. In ein Schälchen füllen und in den Kühlschrank stellen.

5 Ist der Fisch fertig, fragt man sich: „Wie an ihn herankommen?“ Weil nämlich die Kruste eine echte Kruste geworden ist. Da hilft nur noch der Hammer. Mit dem wird die Kruste angeklopft, bis sie springt. Dann kann man ganze Stücke von der Salzkruste ablösen. Darunter liegt ein zarter Fisch mit viel Aroma. Der, wie gesagt, ohne Haut gegessen wird, da die einfach zu salzig ist. Aber auf jedes Fischstück, das man sich auf den Teller legt, kommt ein kleines Stück von der zitronigen Butter, die darauf zerläuft und köstlich schmeckt. Und das tun dazu außerdem noch Kartoffeln oder Brot, Spinat oder Salat und ein feiner Weißer.

MONTEGO BAY
MB
JAMAIC

Speziell – für Freunde

Gute Freunde braucht der Mensch. Nicht, dass wir uns die kaufen wollen. Aber eins ist sicher: wenn man sie ein bisschen verwöhnt – mit einem feinen Essen zum Beispiel –, kommen sie noch lieber oder zumindest öfter.

Am besten ist da was Feines, das schnell fertig oder super easy ist, und das trotzdem was her macht. So ein Fisch-Zitronen-Risotto oder ein marinierter Oktopussalat oder leckere Party-Baguettes, das wär doch was. Oder noch besser: Etwas, das man zusammen „basteln" und dann gemeinsam spachteln kann. Ich sage nur: Fisch-Wan-Tans.

Kräuter-Knoblauch-Sardellen-Öl

FÜR VIER: 500 g Spaghetti nach Packungsaufschrift in reichlich Salzwasser al dente kochen.

Inzwischen fix 1 Bund glatte Petersilie abbrausen, trockenschütteln und die Blätter von den Zweigen zupfen. Von 1 Bund Basilikum die Blätter ebenso von den Zweigen zupfen. 4–6 Knoblauchzehen schälen und mit den Kräutern fein hacken. 8–10 eingelegte Sardellenfilets (die in Öl schmecken am besten) abtropfen lassen und klein schneiden. Knoblauch und Kräuter in 4 EL Olivenöl einige Minuten anbraten, die Sardellen untermischen. Mit Salz und Pfeffer aus der Mühle oder Cayennepfeffer gut würzen. Nochmal 2 frische EL Olivenöl untermischen.

Das Ganze mit den Spaghetti mischen, essen.

Tunfischsugo

FÜR VIER: 500 g Penne, Fusilli oder Bandnudeln nach Packungsaufschrift in reichlich Salzwasser al dente kochen.

1 Zwiebel und 2 Knoblauchzehen schälen, hacken und in 1 EL Olivenöl anbraten. 2 Dosen Tunfisch im eigenen Saft (à 180 g) abtropfen lassen, zerpflücken und mit 1–2 EL Kapern und 1–2 Schöpfkellen Nudelkochwasser dazugeben und warm machen. 3 EL Crème fraîche dran rühren. Mit Salz, Pfeffer aus der Mühle und wenig Zitronensaft abschmecken.

Mit den Nudeln vermischen.

Lachssahne

FÜR SECHS: 700 g Bandnudeln nach Packungsaufschrift in reichlich Salzwasser al dente kochen.

Inzwischen rasch 500 g Lachsfilet in kleine Würfel schneiden. 4 Schalotten oder kleine Zwiebeln und 2 Knoblauchzehen schälen, hacken und in 1 EL Butter 5 Minuten dünsten. 150 ml Fischfond (aus dem Glas) und 250 g Sahne dazuschütten, leicht einkochen lassen. Mit Salz und Pfeffer aus der Mühle würzen. Fisch mit 1 EL Zitronensaft untermischen, zugedeckt 1 Minute ziehen lassen.

Die Lachssahne mit den Bandnudeln mischen und auf den Tisch stellen.

Nudeln, die immer gut kommen

gute

10

Minuten

Marinierter Oktopussalat
Feinkost vom Mittelmeer

FÜR SECHS: 1 kleinerer, küchenfertiger Oktopus (ungefähr 800 g, ersatzweise Sepia nehmen) • 6 Rotweinkorken • 1 kleine Knolle Fenchel • 2 Tomaten • 1 EL schwarze Oliven • 1 EL Kapern • Saft von 1 Zitrone • 1 TL Honig • Salz • Pfeffer aus der Mühle • 2–3 Knoblauchzehen • 6 EL Olivenöl • 1/2 Bund glatte Petersilie

Zeit: 30 Minuten + 30 Minuten Köcheln + 4 Stunden Marinieren • Kalorien pro Portion: 280 kcal

1 Oktopus waschen, mit Korken (die helfen beim Zartmachen) in einen Topf geben und mit Wasser auffüllen. Zum Kochen bringen und 30 Minuten bei geringer Hitze sanft köcheln lassen. Im Sud auskühlen lassen, fein schneiden.

2 Fenchel waschen, putzen, dicke Stiele und welkes Grün abschneiden. Frisches Grün abzupfen und aufheben. Fenchel der Länge nach vierteln, Strunk herausschneiden. Fenchelstücke quer in hauchfeine Scheiben schneiden. Tomaten waschen und würfeln, dabei Stielansatz entfernen. Beides mit Oliven, Kapern und Oktopus mischen. Zitronensaft mit Honig, Salz und Pfeffer verrühren. Den Knoblauch schälen, hacken und dazugeben. Öl kräftig unterschlagen. Die Marinade unter die Oktopusmischung rühren. Abgedeckt so etwa 4 Stunden in den Kühlschrank stellen und marinieren lassen.

3 Petersilie abbrausen, trockenschütteln, die Blätter mit dem Fenchelgrün fein hacken. Salat nochmal durchrühren und probieren. Wenn es nötig ist, nachwürzen. Kräuter drüber streuen. Dazu gibt’s geröstetes Weißbrot.

Fischcarpaccio
Schneller als Sushi

FÜR SECHS: 500 g ganz frischer Fisch (Lachs oder Tunfisch oder Schwertfisch oder auch gemischt) • 1 Bund Rucola • 1 unbehandelte Zitrone • 150 g ganz frische Champignons oder Egerlinge • Salz • Pfeffer aus der Mühle • 6 EL bestes Olivenöl

Zeit: 20 Minuten + 1 Stunde Gefrieren • Kalorien pro Portion: 220 kcal

1 Den Fisch oder die Fischstücke einzeln in Klarsichtfolie einpacken und 1 Stunde ins Gefrierfach legen. In der Zeit wird der Fisch leicht fest und lässt sich dann hinterher viel besser in dünne Scheiben schneiden.

2 Bevor der Fisch wieder raus kommt, vom Rucola alle schlappen Blätter aussortieren, dicke Stiele abmachen. Rucola waschen und trockenschleudern. Eine große Platte oder sechs Teller damit auslegen. Die Zitrone heiß waschen, die Schale ganz dünn abschneiden und in feine Streifen schneiden. Den Saft auspressen.

3 Pilze mit Küchenpapier sauber abwischen und in ganz feine Scheiben schneiden. Fisch jetzt aus dem Gefrierer nehmen und auch in hauchzarte Scheiben schneiden. Auf dem Rucola auslegen. Pilze und Zitronenschale drauf streuen. 3 EL Zitronensaft mit Salz und Pfeffer verrühren. Öl unterschlagen, bis die Sauce leicht cremig aussieht. Gleichmäßig auf alle Zutaten auf dem Teller tröpfeln. Auf den Tisch stellen! Am besten mit Zitronenspalten.

warten gerne

auf Freunde

Muscheln im Weinsud

Ein Topf, ein Essen

FÜR VIER:
3 kg Miesmuscheln
1 Bund Frühlingszwiebeln
1 dicke Möhre
2 Stangen Sellerie
2–4 Knoblauchzehen
1 großes Bund glatte Petersilie
eventuell 1 getrocknete Chilischote
3/8 l trockener Weißwein
Salz, Pfeffer aus der Mühle
2 Lorbeerblätter

Zeit: 35 Minuten
Kalorien pro Portion: 150 kcal

1 Muscheln ins Waschbecken legen und reichlich kaltes Wasser drüber laufen lassen. Die Muscheln müssen sich schließen. Alle, die das nicht tun, aussortieren und wegwerfen. Sie sind nicht mehr frisch. Alle anderen Muscheln gründlich reinigen und bürsten.

2 Von den Frühlingszwiebeln die Wurzelbüschel und die ganz dunklen oberen Teile abschneiden, die Zwiebeln waschen. Möhre schälen, Sellerie waschen, Knoblauch schälen. Petersilie abbrausen und trockenschütteln, dicke Stiele abknipsen. Alles mit dem Wiegemesser oder dem großen Küchenmesser möglichst fein hacken. Wer will, hackt da auch gleich die Chilischote mit.

3 Die gehackte Mischung mit dem Wein in einen großen Topf füllen, heiß machen. Salzen, pfeffern und die Lorbeerblätter reinwerfen. Wenn der Wein kocht, kommen die Muscheln rein. Deckel drauf und ungefähr 10 Minuten gut kochen lassen. Topf immer mal wieder hin und her rütteln, damit die Muscheln gleichmäßig garen.

4 Deckel abheben. Jetzt müssen die Muscheln offen sein. Sind noch sehr viele zu, müssen sie noch länger garen. Sind nur ein paar zu, fischt man die raus und wirft sie weg, die sind nicht gut.

5 Die anderen Muscheln mit dem würzigen Sud auf den Tisch stellen. Aus der ersten Muschel das Fleisch mit der Gabel rauspulen. Die leere Muschel ist ab jetzt das Besteck. Man kann die beiden Schalenhälften nämlich supergut zusammenklappen und damit das Muschelfleisch anfassen und aus der Schale ziehen. Geht besser als mit der Gabel. Und dazu gibt es natürlich eine ganze Menge Weißbrot, mit dem man den Sud voll aufsaugen kann.

Fish'n chips
Mal mit echten Chips

FÜR VIER: 700 g Fischfilet (aus dem Meer und nicht das teuerste, z. B. Seelachs oder Rotbarsch) • 1–2 EL Zitronensaft • 200 g Mehl • 1/4 l dunkles Bier • 2 Eier • Salz • 1 kg fest kochende Kartoffeln • 3/4 l Pflanzenöl zum Frittieren • reichlich Malzessig (gibt's im Feinkostladen oder im großen Supermarkt)

Zeit: 45 Minuten • Kalorien pro Portion: 660 kcal

1 Fisch in mundgerechte Stücke schneiden, mit dem Zitronensaft mischen. Mehl mit Bier, Eiern und 1/2 TL Salz mit dem Schneebesen schön glatt verrühren. 30 Minuten stehen lassen. Die Kartoffeln waschen, schälen und in feine Scheiben hobeln (Gurkenhobel!). Die Scheiben waschen und mit einem Küchentuch gut trocknen.

2 Öl in einem großen Topf gut heiß werden lassen. Kochlöffeltest (siehe unten) machen! Eine große Platte mit einer dreifachen Lage Küchenpapier auslegen. Kartoffelscheiben nacheinander ins Öl geben und unter Rühren etwa 3 Minuten frittieren, bis sie knusprig sind. Herausheben, auf dem Küchenpapier abtropfen lassen. Salzen.

3 Backofen auf 70 °C vorheizen. Wenn alle Kartoffeln frittiert sind, Fischstücke leicht salzen und nach und nach in den Teig geben, mit einer Gabel wieder rausholen und ins Öl legen. 2 Minuten frittieren, gebackenen Fisch im Ofen (Mitte!) warm halten. Fisch und Chips zusammen essen, aber vorher unbedingt mit Malzessig beträufeln.

Knusperringe
Alles andere als zäh und gummiartig!

FÜR VIER: 800 g Tintenfisch (küchenfertig) • Salz • 1 Ei • 8 EL Mehl • ungefähr 1/8 l trockener Weißwein oder helles Bier • etwa 3/4 l Pflanzenöl zum Frittieren • Zitronenschnitze zum Servieren

Zeit: 40 Minuten • Kalorien pro Portion: 370 kcal

1 Damit die Ringe nicht zäh wie Schuhsohlen werden, brauchen sie eine Extrabehandlung vor dem heißen Fettbad: Tintenfisch in Ringe schneiden, in einem großen Topf Wasser mit Salz aufkochen. Die Ringe reinwerfen und knapp 1 Minute drin lassen. Gleich ins Sieb schütten und kaltes Wasser drüber laufen lassen. Abtropfen lassen.

2 Für den Teig das Ei mit dem Mehl verrühren, dann nach und nach den Wein oder das Bier drunter rühren. Der Teig soll glatt und so zähflüssig sein, dass er an den Tintenfischringen haften bleibt. Teig salzen.

3 Backofen auf 70 °C vorheizen. Das Öl in einem großen Topf sehr gut heiß werden lassen. Zur Probe einen Kochlöffelstiel (Holz!) reinhalten. Es müssen sofort viele kleine Bläschen dran wuseln. Nun Tintenfischringe nach und nach in den Teig legen, mit einer Gabel rausholen und ins Öl geben. Nach 3–4 Minuten sind sie goldgelb (eventuell zwischendurch mal umdrehen). Gebackene Ringe auf einer dicken Schicht Küchenpapier abtropfen lassen und im Ofen (Mitte!) warm halten, bis die anderen auch fertig sind. Mit Zitronenschnitzen auf eine Platte häufen.

super

knusprig

Fisch-Wan-Tans oder Frühlingsrollen

Achtung: Freunde schon zum Vorbereiten einladen!

FÜR VIER:
250 g Fischfilet (egal, welches; es muss nicht teuer sein)
100 g geschälte Garnelen (roh oder gekocht)
100 g Sojasprossen
1 Stück frischer Ingwer (etwa 2 cm lang)
1 Bund Frühlingszwiebeln
2 EL Sesamöl, 2 EL Sojasauce
1 Ei, Salz
etwa 40 Blätter TK-Wan-Tan-Teig oder 16 Blätter Frühlingsrollenteig (beides aus dem Asienladen)
5 EL Öl zum Braten oder 3/4 l Öl zum Frittieren (was gerade da ist, aber nicht zu intensiv im Geschmack)
reichlich süßscharfe Sauce (aus dem Asienladen)

Zeit: 1 Stunde
Kalorien pro Portion: 530 kcal

1 Aus dem Fischfilet, falls nötig, mit einer Pinzette alle Gräten rausziehen. Das Filet zusammen mit den Garnelen so fein hacken, dass das Ganze wie helles Hackfleisch aussieht. Sojasprossen waschen und grob hacken. Ingwer schälen und in kleine Würfel schneiden. Von den Frühlingszwiebeln die Wurzelbüschel und ganz dunkelgrünen Teile abschneiden. Die Zwiebeln waschen und in feine Ringe schneiden und nochmal grob drüber hacken.

2 Alle klein geschnittenen Zutaten mit dem Sesamöl, der Sojasauce und dem Ei mischen und eventuell leicht salzen – kommt drauf an, wie würzig die Sojasauce ist. Teigblätter aus der Packung nehmen und auf die Arbeitsplatte legen. Ein Glas mit kaltem Wasser daneben stellen, die Ränder der Teigstücke damit einpinseln.

3 Jeweils in die Mitte etwas Füllung löffeln: für Frühlingsrollen länglich verteilen, für Wan Tans schön rund lassen. Für Frühlingsrollen seitliche Ränder nach innen klappen, aufrollen. Für Wan Tans den Teig diagonal zusammen klappen. Die beiden Spitzen, die am weitesten voneinander entfernt sind, nach oben ziehen und so miteinander verdrehen, dass sie zusammenhalten.

4 Jetzt die Wan Tans braten. Dafür in einer großen Pfanne die 5 EL Öl heiß machen. Die Wan Tans reinlegen und pro Seite ungefähr 2 Minuten braten. Dann 2–3 EL Wasser drüber spritzen, Deckel drauf und nochmal 2 Minuten garen, bis kein Wasser mehr in der Pfanne ist. Oder die Frühlingsrollen frittieren. Dafür die 3/4 l Öl im Topf heiß machen. So heiß, dass sich um einen Kochlöffelstiel, den man ins Öl hält, viele kleine Bläschen tummeln. Die Frühlingsrollen (geht aber auch mit den Wan Tans) portionsweise ins heiße Fett legen und 3–4 Minuten frittieren. Gut abtropfen lassen und zum Entfetten auf eine dicke Schicht Küchenpapier legen.

5 So oder so: dazu gibt es reichlich süßscharfe Sauce zum Eintunken.

Fisch-Zitronen-Risotto

Bitte, bitte keinen Käs drauf streuen!

FÜR VIER: 2 Schalotten oder 1 Zwiebel • 2 Knoblauchzehen • 3 EL Butter • 350 g Risotto-Reis • 1/4 l trockener Weißwein • 1 Glas Fischfond (400 ml) • 1 unbehandelte Zitrone • 350 g geschmackvolles Fischfilet (wie Lachs oder Schwertfisch oder auch Sardinen) • 1 großes Bund Dill oder Kerbel • Salz • Pfeffer aus der Mühle

Zeit: 45 Minuten • Kalorien pro Portion: 620 kcal

1 Schalotten oder Zwiebel und Knoblauch schälen und ganz fein schneiden. 1 EL Butter im Topf zerlaufen lassen. Schalotten oder Zwiebel und Knoblauch reinrühren, glasig werden lassen, Reis dazu und auch glasig dünsten. Ab jetzt bei mittlerer Hitze immer rühren. Wein dazu und verdampfen lassen. Fischfond mit 3/4 l Wasser verdünnen. Nach und nach im Reis verkochen lassen.

2 Zwischendurch die Zitrone heiß waschen und die Schale dünn abschneiden, sehr fein hacken. Den Zitronensaft auspressen. Den Fisch in winzige Würfel schneiden. Dill oder Kerbel abbrausen, trockenschütteln und auch ganz fein schneiden. Ein paar Reiskörner probieren. Wenn sie außen weich sind, aber in der Mitte noch Biss haben, ist es soweit: Fisch mit Zitronenschale und Saft untermischen. Einige Minuten ziehen lassen. Übrige Butter in kleine Flöckchen schneiden, mit Dill oder Kerbel unterziehen, salzen und pfeffern. Aus vorgewärmten Tellern essen.

Fisch-Paella

Aus Paella-Pfanne oder Wok

FÜR SECHS: 1 große Paprikaschote • 1 Zwiebel • 3 Knoblauchzehen • 500 g Muscheln (z. B. Miesmuscheln) • 1 1/4 l Fischfond (aus dem Glas, mit Wasser 1 : 1 verdünnt) • 4 EL Olivenöl • 1 Packung gewürfelte Tomaten (500 g) • 450 g TK-Erbsen • 1 Döschen Safranpulver • Salz • Pfeffer aus der Mühle • Cayennepfeffer • 500 g Rundkorn-reis (z. B. Paella- oder Risotto-Reis) • 500 g Fischfilet (z. B. Schwertfisch) • 12 Garnelen (roh und mit Schale)

Zeit: 35 Minuten + 30 Minuten Garen • Kalorien pro Portion: 570 kcal

1 Paprika putzen und waschen, Zwiebel und Knoblauch schälen, alles klein würfeln. Muscheln waschen, offene wegwerfen. Fischfond aufkochen, geschlossene Muscheln reinwerfen, 2–3 Minuten kochen, bis die Schalen offen sind. Muscheln aus dem Sud fischen, geschlossene wegwerfen.

2 Paella-Pfanne oder Wok warm machen. Öl reinschütten, Paprika, Zwiebel und Knoblauch reinrühren. Tomaten und Erbsen auch dazu. Safran in den Fond rühren, in den Wok schütten. Salzen, pfeffern, cayennepfeffern. Den Reis untermischen und alles 15 Minuten leise köcheln lassen. Den Fisch würfeln, Backofen auf 180 °C vorheizen. Fisch, Garnelen und Muscheln auf den Reis legen, mit Alufolie abdecken und alles für 30 Minuten in den Ofen (Mitte!) schieben. Fertige Paella in Pfanne oder Wok auf den Tisch stellen – am besten mit Zitronenschnitzen.

Reis für

viele

Kartoffeln, Gemüse und Fisch

Alles superpraktisch vom Blech aus dem Ofen

FÜR SECHS:
4–6 rote Zwiebeln
4–6 Knoblauchzehen
1 rote und 1 gelbe Paprikaschote
2 Zucchini
1 kg Kartoffeln (mittlere Sorte, also vorwiegend festkochend)
4 EL Olivenöl
Salz, Pfeffer aus der Mühle
1 Bund glatte Petersilie
für jeden 1 schönes Fischfilet (ungefähr 200 g und möglichst dünn, gut ist Butt, Scholle geht auch, aber dann braucht man 2–3 Filets pro Person, weil die klein sind)
Saft von 1 Zitrone

Zeit: 45 Minuten
Kalorien pro Portion: 370 kcal

1 Gleich zu Anfang den Backofen auf 250 °C vorheizen. Zwiebeln und Knoblauch schälen. Die Zwiebeln längs halbieren, dann quer in dünne Streifen schnippeln. Den Knoblauch in hauchfeine Scheiben schneiden. Paprikaschoten waschen, halbieren, Stiel und die weißen Häute mit den Kernen rauszupfen. Die Schoten in Streifen schneiden. Zucchini waschen und putzen, die Kartoffeln waschen und schälen. Zucchini und Kartoffeln auf dem Küchenhobel in dünne Scheiben hobeln.

2 Alles mit der Hälfte vom Öl, Salz und Pfeffer auf einem Backblech gut durchmischen und gleich so verteilen, dass die Gemüseschicht an allen Stellen gleich dick ist. Ab in den Ofen (Mitte!) und ungefähr 15 Minuten drin lassen. Zwischendurch einmal rausholen und durchmischen.

3 In der Zeit schon mal die Petersilie abbrausen, trockenschütteln und nur die ganz dicken Stiele abknipsen. Den Rest schön fein hacken. Die Fischfilets salzen und pfeffern, mit dem Zitronensaft beträufeln.

4 Blech wieder rausholen, den Backofen auf 200 °C zurückschalten. Die Petersilie unter das Gemüse mischen. Die Fischfilets nebeneinander auf das Gemüse legen, das übrige Öl darüber laufen lassen. Wieder in den Ofen (Mitte!) schieben und nochmal 10 Minuten drin lassen. Fertig!

Fischquiche
Schmeckt heiß, lauwarm oder kalt

FÜR VIER: 125 g kalte Butter • 250 g Mehl • Salz • 2 Stangen Lauch • 1 Bund Petersilie oder Basilikum • 250 g geräucherter Fisch (Forelle, Saibling, Stremellachs oder ähnliches) • 1 Kugel Mozzarella (125 g) • 3 Eier • 200 g cremiger Sauerrahm • Pfeffer aus der Mühle

Zeit: 30 Minuten + 1 Stunde Kühlen + 40 Minuten Backen • Kalorien pro Portion: 770 kcal

1 Für den Teig Butter klein würfeln und mit Mehl und 1/2 TL Salz und 3–4 EL kaltem Wasser gut verkneten. Zur Kugel formen und rund ausrollen. Eine Springform (28–30 cm Ø) mit dem Teig auslegen, dabei einen Rand hoch ziehen. 1 Stunde kühl stellen.

2 Backofen auf 200 °C vorheizen. Vom Lauch die Wurzelbüschel und die ganz dunkelgrünen Teile abschneiden. Lauch der Länge nach aufschlitzen, waschen und in ganz feine Streifen schneiden. Kräuter abbrausen, trockenschütteln, die Blätter fein hacken. Den Räucherfisch mit den Fingern auseinander zupfen. Wenn dabei Gräten zum Vorschein kommen, rausziehen. Den Mozzarella würfeln. Alles miteinander mischen.

3 Eier und Sauerrahm verrühren, reichlich pfeffern, vorsichtig salzen (der Fisch hat davon beim Räuchern schon was abbekommen). Fischmischung auf den Teig, Eierrahm drüber. Im Ofen (Mitte!) ungefähr 40 Minuten backen.

Party-Baguettes
Schnell gemacht

FÜR SECHS: 6 Baguette-Brötchen • 2–3 EL Pesto (aus dem Glas) oder grüne Olivenpaste (auch aus dem Glas) • 6 Tomaten • 6 eingelegte Artischockenherzen • 300 g frischer Fisch (z. B. Seelachs oder Rotbarsch) oder geräucherter Fisch (z. B. Forelle oder Saibling) oder 2 Dosen Tunfisch im eigenen Saft • Salz • Pfeffer aus der Mühle • 3 Kugeln Mozzarella (insgesamt 375 g)

Zeit: 15 Minuten + 12 Minuten Backen • Kalorien pro Portion: 555 kcal

1 Den Backofen auf 220 °C vorheizen. Die Brötchen quer aufschneiden. Dicht nebeneinander in eine hitzebeständige Form mit Rand legen (auf dem Backblech fallen sie nämlich zu leicht um) und mit Pesto oder Olivenpaste bestreichen.

2 Tomaten waschen und in feine Scheiben schneiden, dabei den Stielansatz entfernen. Artischocken in Viertel teilen. Den Fisch in kleine Stücke schneiden oder zupfen. Tomaten, Artischocken und Fisch auf den Brötchen verteilen, mit Salz und Pfeffer würzen. Den Mozzarella in dünne Scheiben schneiden und drauf legen.

3 Die Form in den Ofen (Mitte!) schieben und die Baguettes ungefähr 12 Minuten drin lassen, eben so lange, bis der Käse zerlaufen und leicht braun ist. Die Baguettes auf jeden Fall heiß essen!

heiß aus

dem Ofen

Fisch-Fondue

Die Saucen bringen's

FÜR SECHS:
etwa 1 kg Fischfilets (verschiedene, aber alle festfleischig, z. B. Seeteufel, Schwertfisch, Tunfisch, Seelachs oder Viktoriabarsch), 12 rohe geschälte Garnelen
1 Hand voll Blattspinat, 1 Knolle Fenchel, 200 g kleine Champignons
1 Bund Frühlingszwiebeln, 200 g Möhren
3 Knoblauchzehen, 150 g Salatmayonnaise
1 Messerspitze Sambal oelek (gibt's im Orientshop, beim Türken oder in der Spezialitätenecke vom Supermarkt)
150 g Crème fraîche, 1 TL mittelscharfer Senf
1 TL abgeriebene unbehandelte Zitronenschale, 1 EL gehackte Dillspitzen
Salz, Pfeffer aus der Mühle
100 g Erdnusscreme (ungesüßt)
Saft von 1 Orange, 1 EL Reiswein (aus dem Asienladen) oder Sherry
1 Stück frischer Ingwer (etwa 2 cm lang)
6 EL Sojasauce, 1 l Fischfond (aus dem Glas)
Saft von 1 Zitrone, 1/4 l trockener Weißwein

Zeit: 40 Minuten
Kalorien pro Portion: 500 kcal

1 Alle Fischfilets in mundgerechte Stücke schneiden. Garnelen waschen und trockentupfen. Alle welken Spinatblätter aussortieren, die dicken Stiele abknipsen. Spülbecken voll kaltes Wasser laufen lassen, Spinat drin hin und her schwenken. Abtropfen lassen. Fenchel waschen, grüne Stiele abschneiden, eventuell die äußerste Schicht ablösen. Fenchel der Länge nach vierteln und quer in Scheiben schneiden. Die Pilze mit Küchenpapier trocken abreiben, Stielenden abschneiden. Wurzelbüschel und die welken Teile von den Frühlingszwiebeln abschneiden, den Rest waschen und in 1 cm lange Stücke schneiden. Die Möhren schälen, erst längs in dünne Scheiben, dann in Stifte schneiden. Alles getrennt in Schälchen oder Schüsseln oder auf Platten legen.

2 Für die Saucen Knoblauch schälen und in die Mayonnaise pressen. Mit Sambal abschmecken. Crème fraîche mit Senf, Zitronenschale und Dillspitzen mischen, salzen und pfeffern. Erdnusscreme mit Orangensaft und Reiswein oder Sherrry mit dem Stabmixer pürieren, auch salzen und pfeffern. Ingwer schälen und auf der Küchenreibe fein reiben, mit der Sojasauce mischen.

3 Den Fischfond mit 3/4 l Wasser, Zitronensaft und Wein erhitzen. In den Fondue-Topf oder den Feuertopf füllen und heiß halten. Fisch und Gemüse in die speziellen Siebchen legen und im heißen Fond garen. Mit den Saucen essen. Zum Schluss schmecken dann noch Reis oder Glasnudeln mit dem würzigen Fond.

Gut zum Fisch

Also, der Fischfond kann zwar jederzeit aus dem Glas kommen (ist einfach und geht schnell), muss er aber nicht. Selbst gekocht schmeckt er natürlich besser und so schwer ist das auch nicht.

Und bei den Beilagen muss man sich ja auch nicht immer auf die Salzkartoffeln oder den Butterreis konzentrieren. Wir haben da ein paar Ideen.

Fischfond

FÜR GUT 2 LITER: 1 Bund Suppengrün, 1 Zwiebel und 1 Knoblauchzehe – alles gewaschen, geputzt oder geschält und grob geschnitten – mit 300 ml trockenem Weißwein und 1 Lorbeerblatt 15 Minuten kochen.

200 g Gräten und Köpfe (aber ohne die Kiemen!) von Edelfischen (aber kein Lachs und kein Hecht!) mit 2 l Wasser dazuschütten und langsam warm werden lassen. Etwa 20 Minuten bei geringer Hitze leicht köcheln (nicht kochen!) lassen.

Alles Feste rausfischen und die Flüssigkeit im Topf bei starker Hitze auf die Hälfte einkochen lassen. Jetzt erst salzen! Das was man nicht gleich braucht, in Portionsbecher füllen und einfrieren.

Tomatenkartoffeln

FÜR ZWEI: 400–500 g Kartoffeln (am besten vorwiegend fest kochende) waschen, schälen, würfeln und mit wenig Wasser und Salz zum Kochen bringen, 15 Minuten garen.

2 Tomaten mit kochend heißem Wasser überbrühen, die Haut abziehen, die Tomaten würfeln. Ein paar Basilikumblätter in Streifen schneiden.

Die Kartoffeln abgießen, die Tomaten und das Basilikum mit 1 EL Olivenöl drunter mischen, heiß machen. Salzen, pfeffern, fertig.

Kräuterreis

FÜR ZWEI: 1 kleine Zwiebel und 1 Knoblauchzehe schälen, hacken und in 1/2 EL Butter andünsten. 125 g Langkornreis dazurühren, 1/4 l Wasser dazuschütten. Zugedeckt bei geringer Hitze in etwa 15–20 Minuten körnig werden lassen.

Von 1 Kästchen Kresse die kleinen Blättchen mit einer Küchenschere abschneiden. Mit wenig abgeriebener unbehandelter Zitronenschale und noch ein bisschen Butter unter den fertigen Reis mischen. Salzen und pfeffern.

AUCH NICHT SCHLECHT: Statt Kresse schmeckt auch Kerbel oder Petersilie oder Basilikum oder Dill.

Mayonnaise

FÜR VIER: 2 ganz frische Eigelbe mit 1 TL mittelscharfem Senf und 1 TL Zitronensaft in die Schüssel füllen. Mit dem Schneebesen gut verquirlen.

100 ml Öl (südländisch: Olivenöl, neutral: einfaches Pflanzenöl) abmessen und schlückchenweise unter die Eigelbcreme schlagen, aber kräftig.

Zum Schluss 100 g Naturjogurt oder Sauerrahm zum Strecken untermischen. Die Mayo mit Salz, Pfeffer und Cayennepfeffer würzen.

Knoblauchbrot

FÜR ZWEI: Den Backofen auf 200 °C vorheizen. 1/2 Baguette quer halbieren und in Stücke schneiden, die man gut in die Hand nehmen kann. Im Ofen (Mitte!) schon mal 5 Minuten backen.

Inzwischen 2–4 Knoblauchzehen schälen und durch die Presse drücken, mit 2 EL weicher Butter (noch besser: gesalzene Butter) verkneten.

Brotstücke damit bestreichen, nochmal in den Ofen schieben, bis die Butter geschmolzen ist. Am besten noch heiß genießen.

Register von a–z

Die Basic family wächst...

ISBN 3-7742-2005-0

ISBN 3-7742-1642-8

ISBN 3-7742-1142-6

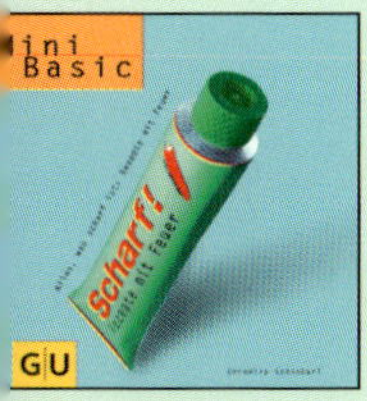

BN 3-7742-2202-9

ISBN 3-7742-2198-7

ISBN 3-7742-2200-2

ISBN 3-7742-2716-0

ISBN 3-7742-2715-2

ISBN 3-7742-2713-6

Impressum

Die Autorin: **Cornelia Schinharl** (cornelia.schinharl@t-online.de). Stammautorin nicht nur bei GU, sondern auch im Basic-Autorenteam, hat das richtige Händchen für flotte neue Rezepte. Was in ihren Büchern steht, stimmt immer, klappt immer, schmeckt immer! Und alles, was aus dem Wasser kommt, hat's ihr in diesem Frühling besonders angetan.

Der Fotograf: **Alexander Walter**

Die Gestalter: **Sybille Engels und Thomas Jankovic**

Die Models: **Daniel Griehl, Verena Scheibe, Jan Schmedes**

Bildnachweis

Alexander Walter: Food-, People- und Produktfotos
StockFood:
Friedrich Wondrasch, Titelfisch + Kapitelaufmacher;
Barbara Bonisolli, S. 8 (Garnelen);
Ulrike Köb, S. 12/13 (Karpfen)

Konzept & Redaktion: Sabine Sälzer
Lektorat, Satz und DTP: Christina Kempe
Korrekturlesen: Susanne Elbert
Gestaltung und Layout: Sybille Engels und Thomas Jankovic
Fotos: Alexander Walter
Fotoassistenz: Florian Peljak
Requisite, Styling, Food: Christa Schmedes
Herstellung: Renate Hutt
Repro: W & Co. Media Services, München
Printed in Italy

ISBN: 3-7742-2713-6

Auflage	4.	3.	2.	1.
Jahr	2004	2003	2002	2001

Das Original mit Garantie

Ihre Meinung ist uns wichtig. Deshalb möchten wir Ihre Kritik, gerne aber auch Ihr Lob erfahren, um als führender Ratgeberverlag für Sie noch besser zu werden. Darum: Schreiben Sie uns! Wir freuen uns auf Ihre Post und wünschen Ihnen viel Spaß mit Ihrem GU-Ratgeber.

Unsere Garantie: Sollte ein GU-Ratgeber einmal einen Fehler enthalten, schicken Sie uns bitte das Buch mit einem kleinen Hinweis und der Quittung innerhalb von sechs Monaten nach dem Kauf zurück. Wir tauschen Ihnen den GU-Ratgeber gegen einen anderen zum gleichen oder ähnlichen Thema um.

Ihr Gräfe und Unzer Verlag
Redaktion Kochen
Postfach 86 03 25
81630 München
Fax: 089/41981-113
e-mail: leserservice@graefe-und-unzer.de